REFORMA EDUCACIONAL
E LUTA DEMOCRÁTICA

Um debate sobre a ação sindical
docente na América latina

EDITORA AFILIADA

Dados Internacionais de Catalogação na Publicação (CIP)
(Câmara Brasileira do Livro, SP, Brasil)

Reforma educacional e luta democrática : um debate sobre a ação sindical docente na América Latina / Pablo Gentili e Daniel Suárez, (orgs.).— São Paulo : Cortez, 2004.

Vários autores.
ISBN 85-249-1091-7

1. Democracia - América Latina 2. Reforma do ensino - América Latina 3. Sindicatos - Professores - América Latina I. Gentili, Pablo. II. Suárez, Daniel. III. Título: Um debate sobre a ação sindical docente na América Latina.

04-7575   CDD-331.881137110098

Índices para catálogo sistemático:

1. América Latina : Ação sindical docente : Economia do trabalho
   331.881137110098
2. América Latina : Professores : Sindicatos : Economia do trabalho
   331.881137110098

APOIO:

UNIVERSIDADE DO ESTADO DO RIO DE JANEIRO (UERJ)

LABORATÓRIO DE POLÍTICAS PÚBLICAS (LPP)

www.lpp-uerj.net

FÓRUM LATINO-AMERICANO DE POLÍTICAS EDUCACIONAIS (FLAPE)

www.foro-latino.org

Pablo Gentili • Daniel Suárez
(organizadores)

REFORMA EDUCACIONAL E LUTA DEMOCRÁTICA

Um debate sobre a ação sindical docente na América latina

Tradução de
Ana Carla Ferreira

REFORMA EDUCACIONAL E LUTA DEMOCRÁTICA. Um debate sobre a ação sindical docente na América Latina
Pablo Gentili e Daniel Suárez (orgs.)

Capa: DAC
Preparação de originais: Jaci Dantas Leite
Revisão: Maria de Lourdes de Almeida
Composição: Dany Editora Ltda.
Coordenação editorial: Danilo A. Q. Morales

Nenhuma parte desta obra pode ser reproduzida ou duplicada sem autorização expressa dos autores e do editor.

© Autores 2004

Direitos para esta edição
CORTEZ EDITORA
Rua Bartira, 317 — Perdizes
05009-000 — São Paulo-SP
Tel.: (11) 3864-0111 Fax: (11) 3864-4290
E-mail: cortez@cortezeditora.com.br
www.cortezeditora.com.br

Impresso no Brasil — novembro de 2004

Sumário

Agradecimentos 7

Apresentação
Pablo Gentili e Daniel Suárez 9

A POLÊMICA

Conflitos educacionais na América Latina
Pablo Gentili e Daniel Suárez 21

O DEBATE

Comentários do Grupo de Trabalho FLAPE (Colômbia) 49

Comentários de Hugo Díaz Díaz (Peru) 63

Comentários de Rodolfo Ramírez Raymundo (México) 71

Comentários de Alejandro Herrera Burton (Chile) 81

Novas e não tão novas questões sobre os conflitos educacionais na América Latina: algumas respostas e questionamentos
Pablo Gentili e Daniel Suárez 87

A PESQUISA SOBRE CONFLITOS EDUCACIONAIS NA AMÉRICA LATINA

Acerca das fontes de pesquisa bibliográfica sobre movimento sindical docente e educação na América Latina
Julián Gindin 99

Banco de dados sobre a ação sindical docente na América Latina
Florencia Stubrin 107
Organizações sindicais docentes na América Latina 113
Bibliografia 119

Agradecimentos

Os materiais que compõem o presente livro não poderiam estar disponíveis sem o apoio e permanente dedicação da coordenação executiva do Fórum Latino-Americano de Políticas Educacionais (FLAPE), com sede em Lima, Peru, e sob a responsabilidade de Grover Pango. Agradecemos, neste sentido, a toda a equipe da organização peruana Fórum Educacional (FE), especialmente a Luis Palomino e a Glay Fierro.

O texto do primeiro capítulo é um dos subprodutos de uma ampla pesquisa sobre conflitividade educacional na América Latina, que contou com o apoio de OREALC/UNESCO (Chile). Agradecemos a permanente disponibilidade para o diálogo oferecida por Magaly Robalino, responsável pelo projeto em Santiago. Também à equipe de consultores que realizaram os estudos de casos nos cinco países analisados com maior profundidade: Dalila Andrade de Oliveira (Brasil), Milton Luna (Equador), Sigfredo Chiroque (Peru) e Susan Street (México). Daniel Suárez foi responsável pelo estudo argentino. Nossa cronologia da ação sindical em 18 países latino-americanos contou com o inestimável apoio de Florencia Stubrin, Paola Ferrari, Fernanda Florez, Paula Dávila, Alejandra Martinetto, Marcelle Tenorio, Aline Jaime y Julián Gindin (assistentes de pesquisa do LPP no Rio de Janeiro e Buenos Aires). Roberto Leher foi o coordenador desta cronologia e, como sempre, seus comentários e discussões muito nos ajudaram a repensar nossa abordagem acerca da conflitividade educacional na América Latina.

O debate sintetizado neste livro, bem como as atividades do FLAPE, contaram com o apoio financeiro da Fundação Ford. Destacamos aqui o apoio e permanente colaboração de Maria Amelia Palacios (FF, Chile) e de Chris Martin (FF, México).

Finalmente, agradecemos a Manuel, Santiago y Mateo, nossos filhos, com quem temos a oportunidade de compartilhar momentos de profundo amor e carinho, muito mais gratificantes e felizes que os relatados no presente livro.

Pablo Gentili e *Daniel Suárez*

Apresentação

Pablo Gentili e Daniel Suárez*

O presente livro reúne o debate promovido pelo *Fórum Virtual do Fórum Latino-americano de Políticas Educacionais (FLAPE)*, um espaço aberto, democrático e pluralista orientado a propiciar, organizar e difundir análises, opiniões e debates que girem em torno de problemáticas críticas e ainda pouco exploradas nos atuais cenários educacionais dos países da América Latina.

Através de seus textos, deliberações e diálogos, o fórum propõe o confronto de perspectivas e informações que possam contribuir, de maneira multifacética e polifônica, para o aprofundamento do pensamento político-educacional progressista na região, ampliando os olhares e análises críticas de problemas e temáticas que ainda não tenham sido abordados pelas agendas políticas dominantes durante o período do "pensamento único" neoliberal, ou que tenham sido considerados por estas de maneira parcial e recortada. Desta forma, o campo discursivo das políticas educacionais poderá ampliar-se por meio de novas questões, análises e discussões teóricas e políticas, abrindo a agenda de prioridades para a definição e o desenvolvimento de linhas de pesquisa e intervenção pouco desenvolvidas até o momento.

---

* Laboratório de Políticas Públicas — LPP. Observatório Latino-Americano de Políticas Educacionais — OLPED (Rio de Janeiro e Buenos Aires).

O primeiro debate do FLAPE, sintetizado neste livro, tem sido coordenado e moderado pelo Observatório Latino-americano de Políticas Educacionais (OLPED) do Laboratório de Políticas Públicas (LPP). Seu tema foi a intensa e, como veremos, polêmica interpretação acerca das causas e sentidos que assume a conflitividade educacional na América Latina. Para dar início à discussão, elaboramos e colocamos em circulação um *Texto-base* que desdobrou a problemática a ser debatida em uma série de dimensões, conceitualizações e informações, originando a produção de quatro *Textos de Discussão* e o conseqüente intercâmbio de perspectivas e análises entre eles. Estes textos de discussão foram elaborados por membros ou grupos pertencentes às demais organizações fundadoras do FLAPE: o Programa Interdisciplinar de Pesquisas em Educação do Chile (PIIE), o Fórum Educacional do Peru (FE), a Universidade Pedagógica Nacional da Colômbia (UPN) e o Observatório Cidadão da Educação do México (OCE). As contribuições destes textos se resumem a ampliar, aprofundar ou reformular, alguns deles com um sentido fortemente crítico, a análise formulada pelo texto inicial. Além dos textos aqui publicados, o primeiro debate do FLAPE deu origem a um rico intercâmbio de opiniões, documentos e informações realizado e sintetizado na página *web* do Fórum, com significativa repercussão nos meios acadêmicos e políticos da América Latina: <*www.foro-latino.org*>.

O texto-base que inaugura nosso Primeiro Fórum Virtual FLAPE foi elaborado a partir de um conjunto de pesquisas desenvolvidas sob a coordenação do OLPED, com apoio do Escritório Regional de Educação para a América Latina e Caribe (OREALC), da UNESCO. O projeto, denominado "Estudo dos conflitos dos sistemas educacionais da América Latina: agenda, atores, evolução, direção e desenlaces", teve, como um dos seus resultados, uma exaustiva cronologia de conflitos docentes em 18 países latino-americanos durante 1998 e 2003, e, também, a produção de um conjunto de estudos de caso que abordaram qualitativamente e com relativa profundidade os conflitos educacionais em cinco países: Argentina, Brasil, Equador, México e Peru. O texto-base apresenta uma síntese dos resultados alcançados pela pesquisa cronológica, e boa parte de seus comentários críticos estão fundamentados sobre o material empírico sistematizado e organizado por tal pesquisa. No entanto, pode-se afirmar que uma parte significativa das afirmações críticas originou-se e fundamentou-se nas análises qualitativas e considerações interpretativas dos estudos de caso nacionais.

Dessa forma, a primeira parte do texto, "A reforma educacional como cenário do conflito", procura contextualizar a conflitividade educacional de maneira histórica e conceitual a partir de um cenário mais geral de conflitividade social e política enfrentada pelos países latino-americanos durante o período, valendo-se para isso de uma série de elementos teóricos e considerações analíticas que, ao mesmo tempo, também tendem a contextualizar estes conflitos em relação aos processos de reformas econômicas, políticas e especificamente educacionais impulsionadas durante a década de 1990 pelos governos neoliberais. Por conta dessa abordagem em dois sentidos, o texto chama a atenção sobre a centralidade que os conflitos educacionais vêm assumindo entre os conflitos ocorridos na região, e, dentro deste, adverte sobre o protagonismo assumido pelos docentes e suas organizações sindicais. Em relação ao complexo campo de tensões que caracterizaram os sistemas educacionais da região, de fato o texto destaca claramente os sindicatos docentes e os estados/governos (nacionais, estatais e municipais) como os principais agentes a se enfrentarem no conflito (ainda que não os únicos), mesmo fazendo menção a outros setores e atores educacionais e sociais que também participam dele.

Nesta primeira parte do texto, percebe-se então que o olhar e a análise se focalizam sobre a conflitividade docente, sem que se desconsiderem as múltiplas e heterogêneas dimensões e manifestações da conflitividade educacional em seu conjunto. Nossa análise tenta dar conta das profundas transformações e crises sociais, econômicas e políticas que parecem estar condicionando o surgimento de conflitos sociais e educacionais na América Latina. Também toma como referência crítica uma série de estudos que já haviam problematizado a relação entre as reformas educacionais, a "governabilidade" dos sistemas educacionais e a crescente conflitividade no setor; caracteriza a evolução e o desenvolvimento dos conflitos entre organizações sindicais, docentes e Estado como cíclicos; destaca uma série de fracassos das políticas e estratégias de acordo impulsionadas pelos governos como marco de legitimação das reformas educacionais verticais e, de maneira geral, muito pouco democráticas; e enfatiza a necessidade de uma "definição teoricamente mais ambiciosa" da conflitividade social e educacional, que permita ampliar o olhar sobre o tema a partir de uma perspectiva dinâmica e complexa, global e holística, superadora das limitações dos enfoques funcionalistas e mecanicistas sobre a noção de "conflito". Neste último sentido, e de forma mais do que resumida, o texto apresenta uma série de definições que a princípio buscam explicar de maneira teórica o caráter multicausal da conflitividade educacional e de alguns dos variados processos associados ao surgimento e desenvolvimento de conflitos na vida social (constituição de identidade, individualidade e socialização, construção histórica de sujeitos e atores sociais, processos interativos).

Na segunda seção, intitulada "Uma cronologia da ação sindical docente na América Latina (1998-2003)" o texto-base traz a compilação de uma série de tendências gerais da conflitividade educacional/docente, estabelecidas a partir dos resultados do estudo cronológico realizado durante a pesquisa mencionada. Após explicitar as limitações metodológicas do estudo e do recorte conceitual realizado sobre a definição operacional do conflito educacional (restringindo-o, nesta ocasião, às "principais estratégias de protesto docente" ou à "ação sindical"), apresentam-se algumas tendências que caracterizam os conflitos educacionais na região, principalmente em relação a: a) os protagonistas e antagonistas dos enfrentamentos; b) a duração das discussões; c) as estratégias de luta desenvolvidas pelos docentes e suas instituições; d) os tipos de reivindicações e demandas do setor. Para ilustrar a caracterização destas tendências, o texto dispõe em cada caso de dados e informações estatísticas construídos durante o estudo cronológico.

Finalmente, nas "Considerações finais", o texto retoma como conclusão a questão sobre a necessidade de uma avaliação mais qualitativa e interpretativa dos conflitos educacionais e docentes nos países da região e procura mais uma vez motivar e identificar o debate através da retomada da contextualização econômica, política e social mencionada em sua primeira parte. Nesse sentido, o fechamento resume, em tom de crítica, as políticas e reformas implementadas nos últimos vinte anos pelos governos latino-americanos e suas conseqüências sobre a vida social e educacional de suas populações, além de vincular a implementação centralizada e autocrática das reformas dos sistemas escolares ao aumento da conflitividade no setor e convocar os setores progressistas e democráticos do campo educacional latino-americano para a construção de uma perspectiva analítica crítica alternativa à dominante, que aborde de maneira profunda os conflitos educacionais que ocorrem nos países da região e que veicule caminhos de ação democráticos e participativos para a resolução dos conflitos.

O texto de discussão apresentado pela Universidade Pedagógica Nacional, um "relatório" do debate promovido por um grupo de participantes do Grupo FLAPE — Colômbia durante duas reuniões, apresenta inicialmente as concordâncias e discordâncias do grupo, ou de parte dele, em relação aos desenvolvimentos metodológicos do texto-base, identificando suas contribuições e limites mais significativos. Após estas considerações, o texto parte diretamente para a análise e o debate do caso colombiano, que contribui com a consideração da conflitividade educacional latino-americana ao descrever certas características específicas que parecem moderar a contundência de algumas afirmações críticas e tendências gerais assinaladas em nosso trabalho. Desta forma, podem ser mencionadas como suas contribuições mais relevantes para o debate: a) a avaliação crítica de alguns aspectos "macropolíticos" da realidade colombiana (principalmente a Constituição de 1991) e a inclusão de outros elementos "qualitativos" na análise (por exemplo, a relevância de aspectos como a violência e a guerra na definição dos conflitos sociais e educacionais); b) a referência ao Movimento Pedagógico Nacional e, nesse contexto, às modalidades de confronto adotadas pelo sindicato docente colombiano e sua posição frente ao Estado (por exemplo, a mudança das demandas sindicais ao abandonarem questões estritamente reivindicativas e setoriais e passarem a assumir outras, mais vinculadas à política educacional e à política em geral); c) o apelo para que se considere de maneira integral e conjunta as tendências e dinâmicas internacionais, nacionais e locais em matéria de política educacional e sua influência diferencial na determinação dos conflitos educacionais; e d) o estabelecimento de aspectos "micropolíticos" e especificamente pedagógicos e escolares para a análise da conflitividade educacional.

Por sua vez, o texto de discussão do Fórum Educacional do Peru, elaborado e apresentado por Hugo Díaz Díaz, também parte da análise do caso peruano para formular suas contribuições, mas neste caso confirmam-se as tendências características mais gerais assinaladas pelo texto-base. Vemos, portanto, que o texto identifica o sindicato docente majoritário (o SUTEP) e o governo como os principais protagonistas e antagonistas dos conflitos educacionais nesse país, e as queixas pelos baixos salários dos docentes como o motivo ou a causa mais evidente dos confrontos. Não obstante, o autor enumera outra série de atores em disputa com o governo (outros sindicatos docentes, estudantes, professores e reitores das universidades, representantes da educação privada, estudantes de magistério) e outros terrenos de disputa (os próprios centros educacionais) que tenderiam a tornar a perspectiva e a compreensão da problemática mais complexas. Por outro lado, o texto nos revela uma série de elementos presentes na conflitividade educacional peruana, ressaltando assim suas peculiaridades e singularidade, o que certamente colabora com a ampliação e o alcance da análise e das discussões. Desta forma, identifica a relação entre a atuação sindical e os estilos de governo como mais um determinante para a conflitividade educacional. Após descrever essa relação para os casos de governos autoritários e com apoio popular e governos mais democráticos, mas sem apoio popular, o texto faz uma forte crítica às modalidades tradicionais de desempenho sindical desenvolvidas pelos "líderes históricos" das organizações gremistas docentes e questiona as conseqüências negativas das greves e paralisações docentes para o alunado. Finalmente, o autor assinala a possível prolongação dos ciclos de conflitos educacionais no país, remarcando os elementos que, em sua opinião, parecem estar afetando de um lado (o Ministério da Educação) e de outro (os sindicatos docentes) a resolução dos confrontos. Um importante elemento a ser considerado para o debate é a convocação de Díaz Díaz a que se despolitizem as demandas do sindicalismo docente e se empreenda uma "renovação da atitude sindical" para que haja uma "modernização dos enfoques de gestão dos sistemas educacionais", em sintonia com alguns dos tópicos privilegiados pelas reformas implementadas nos sistemas educacionais latino-americanos durante os últimos anos (avaliação meritocrática, "racionalização" do gasto educacional, pagamento por resultado etc).

Em contraste com os anteriores, o texto de discussão redigido e apresentado por Rodolfo Ramírez Raymundo do Observatório Cidadão da Educação, do México, não se detém em uma descrição analítica de casos nacionais, mas procura enfatizar considerações teóricas, conceituais e metodológicas. Inicialmente, o texto do OCE faz referência à importância e pertinência deste primeiro debate do FLAPE e do texto-base, por contribuírem para a incorporação do tema da conflitividade educacional nas avaliações das reformas. Segundo o autor, esta é uma problemática ausente no diagnóstico e no planejamento das políticas educacionais que limita sua eficácia e também a profundidade das mudanças que promovem.

Em uma segunda parte, o texto de discussão enumera e analisa "as limitações de ordem técnica" encontradas no texto de discussão elaborado pelo OLPED. Os principais problemas apontados são: a) a falta de correspondência entre a definição conceitual da conflitividade educacional e sua definição operacional, ou seja, aquela definição que deve delimitar o objeto de pesquisa e a relevância da informação; b) a falta de precisão na definição operacional do conflito educacional; c) as limitações da análise realizada ao não considerar a amplitude dos conflitos (número de pessoas envolvidas, unidades e regiões afetadas), o que impede uma adequada ponderação da conflitividade educacional em nossos países; d) os problemas metodológicos que surgem ao se considerar as notícias veiculadas pela imprensa dos respectivos países como principal fonte de informações, o que estaria limitando o alcance do estudo e desviando seu foco; d) as contradições e a falta de congruência de algumas das afirmações e conclusões do estudo que, segundo o autor, "não teriam sustento na análise da informação".

Finalmente, o texto mexicano volta a destacar algumas das contribuições do estudo que colocamos em debate. De maneira complementar, assinala a ausência de recursos econômicos como uma das fontes fundamentais do conflito educacional, e a falta de uma atenção integral para com a problemática magisterial como uma das principais limitações das políticas de reforma na região.

O texto de discussão elaborado por Alejandro Herrera Burton, do Programa Interdisciplinar de Pesquisas em Educação do Chile, da mesma forma que Rodolfo Ramírez Raymundo, insiste na análise crítica, conceitual e metodológica do texto-base e não se detém muito na consideração das características do caso chileno. De fato, o texto do pesquisador do PIIE, se concentra fundamentalmente no destaque e na análise das contribuições, limites e deficiências do trabalho elaborado pelo OLPED, e sua contribuição mais significativa se resume na indicação crítica do que considera como as principais contradições da análise que desenvolvemos. Em primeiro lugar, o texto chileno assinala os "vetores" relacionados pelo texto-base que, na opinião do autor, resultam mais férteis para a análise e o debate sobre a conflitividade educacional na América Latina: o reconhecimento dos diversos atores que participam como protagonistas e antagonistas dos conflitos educacionais; o estabelecimento das principais causas que motivam esses conflitos; a identificação das similitudes e diferenças entre os diferentes países da região em matéria de conflitividade educacional; a análise da conflitividade educacional no contexto da conflitividade social; a historização do conflito educacional e a possibilidade de realizar uma "genealogia do conflito educacional" adequadamente contextualizada em processos econômicos, sociais e políticos mais gerais.

Em uma segunda parte, o texto de Herrera Burton focaliza os pontos "mais discutíveis" do texto-base: a confusão conceitual entre conflito educacional e conflito docente; o conseqüente esquecimento de outros conflitos educacionais relevantes (o que ocorre, por exemplo, entre a educação pública e a educação privada); a falta de explicitação dos sentidos e direções das mudanças que provocaram os conflitos; a ausência de uma adequada ponderação da envergadura dos conflitos (por exemplo, ao não incorporar dados acerca do grau de adesão dos docentes ao conflito, ou ao não avaliar os custos econômicos das greves docentes); as incongruências conceituais e metodológicas entre a primeira parte e a segunda; a redução do conflito a suas expressões fenomênicas mais evidentes; a debilidade dos dados estatísticos diante da complexidade e multicausalidade dos conflitos educacionais e docentes.

Estas observações e apontamentos críticos, assim como as linhas de debate assinaladas por eles, foram de certa forma retomados, aprofundados e repensados no nosso texto: "Novas e não tão novas questões sobre os conflitos educacionais na América Latina: respostas e novos questionamentos". Não obstante, este apartado não pretende encerrar as discussões e intercâmbios em torno da conflitividade docente e educacional como uma dimensão central e estratégica da análise crítica das reformas educacionais e das lutas democráticas. Pelo contrário, esta última contribuição se orienta a identificar e descrever os principais tópicos do debate suscitado por nosso polêmico texto de base, responder aos inteligentes comentários e críticas dos textos de discussão e apresentar novas dimensões e questionamentos a serem resolvidos por novas pesquisas e debates públicos.

A polêmica

Conflitos educacionais na América Latina

*Pablo Gentili e Daniel Suárez**

O presente texto foi elaborado a partir das pesquisas realizadas pelo projeto denominado "Estudo dos conflitos dos sistemas educacionais da América Latina: agenda, atores, evolução, direção e desenlaces", desenvolvido pelo Observatório Latino-Americano de Políticas Educacionais (OLPED), um programa do Laboratório de Políticas Públicas (Rio de Janeiro e Buenos Aires) em conjunto com o Escritório Regional de Educação para a América Latina e Caribe (OREALC) da UNESCO (Santiago do Chile). No marco desse projeto, foi realizada uma exaustiva cronologia de conflitos educacionais protagonizados por organizações sindicais do magistério em 18 países latino-americanos durante 1998 e 2003, além de cinco estudos nacionais coordenados por Sigfredo Chiroque (Peru), Dalila Andrade de Oliveira (Brasil), Daniel Suárez (Argentina), Susan Street (México) e Milton Luna (Equador). A cronologia dos conflitos foi coordenada por Roberto Leher, e coube a Pablo Gentili a coordenação geral do projeto de pesquisa. Desde janeiro de 2004 o trabalho de recolhimento e sistematização da conflitividade educacional tem sido realizado como uma iniciativa do Fórum Latino-americano de Políticas Educacionais (FLAPE), contando com o apoio financeiro da Fundação Ford.

---

* Laboratório de Políticas Públicas — LPP (Rio de Janeiro/Buenos Aires). Observatório Latino-Americano de Políticas Educacionais — OLPED.

Agradecemos muito especialmente à Florencia Stubrin, Paola Ferrari, Fernanda Flores, Alejandra Martinetto, Marcelle Tenorio, Aline Jaime e Julián Gindin (assistentes de pesquisa do LPP nas suas sedes de Buenos Aires e do Rio de Janeiro) pelas tarefas de apoio e sistematização dos dados utilizados no presente estudo.

As opiniões aqui expressas são de exclusiva responsabilidade dos autores e não representam necessariamente as posições da UNESCO ou das organizações fundadoras do FLAPE.

A reforma educacional como cenário do conflito

Durante os últimos vinte anos, os países da América Latina têm presenciado a ampliação, diversificação e intensificação dos conflitos sociais e políticos.[1] Em meio ao surgimento de novos sujeitos em confronto e à multiplicação dos cenários de conflito, o setor assalariado sindicalizado (público e privado) foi protagonista da maior parte dos movimentos de resistência às políticas neoliberais, destacando-se, nele, as lutas promovidas pelo setor docente.[2] Se acrescentarmos a essa constatação o fato de que os estudantes universitários também realizaram numerosas ações de protesto e mobilização reivindicativa, facilmente perceberemos que os conflitos de origem educacional vêm assumindo uma posição central no terreno da conflitividade social latino-americana.

Seja por trás das trincheiras ou nas arenas de negociação, por meio de modalidades tradicionais ou mediante novas formas de mobilização, atores e setores da comunidade escolar (e não só dela) têm dispu-

---

1. Para um acompanhamento cronológico por país e diversas análises sobre a conflitividade na América Latina desde 2000, ver: CLACSO, Observatório Social da América Latina, números 1 a 11 (*http://clacso.edu.ar*).

2. Em um artigo que analisa as tendências gerais da conflitividade social na América Latina, José Seoane e Emilio Tadei assinalam: "Em primeiro lugar, vale destacar que o setor assalariado (público e privado) apresenta a maior porcentagem de ações, situando-se em 30% do total (...) Desagregados, ambos setores apresentam um índice de 18,57% para os assalariados do setor público e 11,31% para os do setor privado. (...) Deste conjunto se destacam para o presente período as ações encaradas por mestres e professores, que apresentam 6,22% de todos os registros" (Seoane, J. e Taddei E. "Protesta social, ajuste e democracia: la encrucijada latinoamerica", em:*Observatório Social de América Latina*, Ano II, n. 4, Buenos Aires: CLACSO, junho de 2001.

tado boa parte dos espaços, recursos, símbolos e sentidos assumidos pelos processos de reforma educacional promovidos na América Latina nesses últimos anos. Além disso, em quase todos os países da região, essas lutas e negociações tiveram como cenário sociedades e economias em crise, e, nesse contexto, sistemas educacionais enfraquecidos, organizados central e burocraticamente, desprovidos de financiamentos e internamente segmentados. Também, ambiciosos processos de reforma educacional que, sob o lema da "qualidade, eqüidade e eficiência" e uma importante mobilização de recursos e esferas públicos, pretenderam modificar de uma só vez a estrutura do sistema escolar, o currículo de todos os níveis e modalidades educacionais, a organização e a gestão dos sistemas e dos estabelecimentos de ensino, bem como a cultura organizacional instituída neste campo.

Como parte de um processo global de reestruturação do Estado, as reformas educacionais da década de 1990 incidiram diretamente nas formas de construção da experiência dos atores magisteriais, assim como a configuração de sua subjetividade. A redefinição da tarefa docente e das qualificações requeridas pelos cargos profissionais, juntamente com a significativa queda dos salários, implicaram em uma perda real e simbólica de espaços de reconhecimento social.

Tem se tornado evidente, além destas questões, que a maior parte dos conflitos que ocorreram e ocorrem no campo da educação latino-americana têm girado em torno de questões específicas do setor docente, e também de um conjunto de reivindicações históricas do setor. Os conflitos protagonizados por organizações docentes, nesse contexto, colocaram sob tensão as pretensões de mudança das administrações políticas da educação, mostrando, não poucas vezes, a incapacidade dos governos para garantir as condições básicas de uma escolaridade de qualidade ao conjunto da população. Ou seja, o aumento da conflitividade docente, na América Latina, parece estar mostrando a distância existente entre os ambiciosos programas de reforma educacional implementados durante a década de 1990, e a fragilidade ou precariedade das condições políticas, econômico-financeiras e normativas sobre as quais se baseia a própria reprodução dos processos de escolarização, pelo menos da forma como vinha perfilando-se durante o último século.

Uma rápida leitura em matérias e reportagens jornalísticas permite reconhecer que os principais temas em disputa entre sindicatos docentes e Estado dizem respeito a condições salariais e trabalhistas de professores e mestres, ao orçamento para a educação, à falta ou à precariedade de incentivos e estímulos econômicos para o setor, aos acordos coletivos de trabalho do setor e outras normas que regulam o trabalho nas instituições educacionais e, em última instância, à capacitação e ao aperfeiçoamento profissional.[3]

Podemos facilmente constatar que esta agenda tende, perigosamente, a reduzir a problemática docente a questões importantes, mas que no entanto são parciais, desarticuladas entre si e de efeitos a curto prazo. A ausência de uma perspectiva global e holística, que tenda a problematizar e articular em uma *política docente integral* as diversas dimensões envolvidas com a organização e gestão do exercício do ensino nas instituições educacionais (condições materiais e simbólicas de trabalho; saúde e bem-estar docente; reconhecimento social e profissionalização do setor; desenvolvimento cultural e pessoal; entre outras), parece ser uma limitação tanto da concepção, gestão e evolução das políticas educacionais que impulsionam os governos neoliberais, quanto de algumas das respostas e reivindicações promovidas pelo sindicalismo magisterial.

Nesse sentido, e talvez como efeito da carência desse contexto referencial mais complexo e estratégico, capaz de contribuir com perspectivas, intervenções e compreensões direcionadas a médio e longo prazo, também se evidencia um certo caráter *cíclico* na evolução e desenlace dos conflitos educacionais nos países da região: em um primeiro momento, dá-se a confrontação através de greves e mobilizações protagonizadas pelo setor docente e seus sindicatos contra o Estado; em seguida, uma rodada de negociações formais entre os referentes políticos e funcionários dos governos (fundamentalmente das pastas educacionais, mas cada vez mais intensamente das equipes econômicas) e os representantes sindicais; imediatamente após, uma série de acordos e temas pactuados entre as partes em conflito, geralmente precários e com ações a curto prazo; na maioria dos casos, segue-se um período de relativa estabilidade, não isento de ameaças, suspeitas

---

3. Para ter acesso a uma seleção de notícias e informações jornalísticas, documentos e materiais que tratam de diversos aspectos e impactos das políticas educacionais nos países da América Latina e do Caribe, ver os levantamentos realizados pelo Observatório Latino-americano de Políticas Educacionais (OLPED/LPP): *http://www.lpp-uerj.net/olped*

e conflitos menores; finalmente, e quase inexoravelmente, intensifica-se uma nova roda de confrontações e conflitos que emergem como mais uma evidência das condições que impedem a estruturação e efetivação de critérios democráticos e participativos para a governabilidade educacional e para o funcionamento adequado da educação pública.

Mais além destas especificidades, no entanto, o peso relativo da conflitividade educacional nos países da região, não está alheia a uma outra série de processos associados ao aprofundamento da crise econômica (recessão, desemprego, pobreza, ausência de investimento público etc.) e à redefinição das condições internacionais e locais para o desenvolvimento e crescimento sustentável das economias e sociedades latino-americanas, e os processos de crescente pauperização, desigualdade e exclusão social que os castigam.

Alguns analistas afirmam que esta tensão é conseqüência, entre outros fatores, dos efeitos perniciosos dos processos de "globalização neoliberal",[4] das políticas de ajuste estrutural, do controle e redução do gasto público, implementadas pelos governos conservadores,[5] da redefinição do papel do Estado como garantia dos direitos sociais (entre eles, o direito a uma educação de qualidade para todos), bem como dos processos de privatização e mercantilização da educação.[6]

---

4. Para uma interessante análise crítica dos processos de "globalização neoliberal", ver: Slater, David (1996) "La geopolítica del proceso globalizador y el poder territorial de las relaciones Norte-Sur: imaginaciones desafiantes de lo global", em: Pereyra, M. e outros (comp.) *Globalización y descentralización de los sistemas educativos. Fundamentos para un nuevo programa de la educación comparada*. Barcelona: Pomares-Corredor.

Para uma análise de seus impactos nos países latino-americanos, ver os trabalhos compilados em: Gambina, Julio (comp.) (2002) *La globalización económico-financiera. Su impacto en América Latina*. Buenos Aires: CLACSO. Também: Gentili, Pablo (comp.) (2001) *Globalização excludente. Desigualdade, exclusão e democracia na nova ordem mundial*. Petrópolis: Vozes.

Para uma análise crítica da "tese dos grandes efeitos" da globalização no campo educacional, ver: Brunner, José Joaquín (2001) "Globalización y el futuro de la educación: tendencias, desafíos, estrategias", em: AAVV *Análisis de prospectivas de la educación en América Latina y el Caribe*. Santiago: UNESCO.

5. Para consultar análises críticas dos custos sociais das políticas de ajuste estrutural na América Latina, ver os trabalhos publicados em: Sader, Emir (comp.) (2001) *El ajuste estructural en América Latina. Costos sociales y alternativas*. Buenos Aires: CLACSO.

6. Em: Gentili, Pablo (org.) (1995) *Pedagogia da exclusão. Crítica ao neoliberalismo em educação*. Petrópolis: Vozes, podemos encontrar una série de artigos que aprofundam esta perspectiva. Ver também: Feldfeber, Myriam (comp.) (2003) *Los sentidos de lo público. Reflexiones desde el campo educativo*. Buenos Aires: Noveduc.

Segundo essas análises, a desestabilização da "sociedade salarial" e a desarticulação do Estado de Bem-Estar Social (ou de seus princípios) provocaram, na América Latina, o colapso de um embrionário sistema de cooperação e inclusão social, que tendia a organizar o campo educacional a partir de uma modalidade de concessão de recursos baseada em padrões de distribuição e em modalidades de acordo e/ou reivindicação atualmente em crise. Em meio a este contexto, torna-se difícil identificar os limites e possibilidades de confrontação dos atores, seus potenciais aliados e adversários, os espaços nos quais novos consensos são definidos, sem analisar, ao mesmo tempo, o profundo processo de transformações vividas pelas sociedades latino-americanas contemporâneas.

Outros enfoques se centralizam mais no estudo das reformas educacionais promovidas pelos governos dos países da região, analisando seus impactos sobre as condições (materiais e simbólicas) de trabalho do setor docente e sobre seus processos de sindicalização. Estes estudos tendem a vincular os conflitos educacionais ao surgimento e multiplicação de reivindicações setoriais e coletivas e, segundo afirmam, muitas dessas demandas têm como eixo a defesa e/ou ampliação dos direitos trabalhistas e sindicais dos trabalhadores da educação e, como pano de fundo, discursos em defesa do direito social a ela. A partir dessas perspectivas, as reformas educacionais implementadas trazem e desenvolvem um conjunto de valores e modelos organizacionais e de gestão que são considerados pelos sindicatos e pelos docentes como alheios às concepções e modalidades sobre as quais foram construídas suas identidades e nos quais fundamentaram sua ação coletiva.

Um importante grupo de pesquisas complementa este olhar, com o argumento de que a significativa mobilização de recursos implicados nos processos de reforma educacional, durante os anos 1990, foi responsável pela configuração de uma nova regulação do trabalho e da carreira profissional dos docentes, vista pelo setor, e principalmente por suas entidades sindicais, como uma ameaça às conquistas e reivindicações alcançadas durante os anos imediatamente anteriores.[7]

---

7. Ver, por exemplo: Birgin, Alejandra (1999) *La regulación del trabajo de enseñar*. Buenos Aires: Troquel; Tiramonti, Guillermina (2001) *Sindicalismo docente y reforma educativa en la América latina de los '90*. Documento de Trabalho n. 19, PREAL; Tiramonti, Guillermina e Filmus, Daniel (coord.) (2001) *Sindicalismo docente & Reforma en América Latina*. Buenos Aires:

Entre essas (ameaçadoras) transformações promovidas pelas reformas, podemos identificar:

a) As tentativas de modificação das carreiras profissionais dos docentes, através de alterações nas normas e estatutos que regulamentam a ascensão dentro da carreira magisterial.
b) As mudanças implementadas na estrutura salarial do setor.
c) A incorporação diferencial de incentivos por desempenho como parte do salário real dos docentes.[8]
d) As políticas de descentralização da administração e gestão das instituições educacionais, as que redefinem e desconcentram a arena de negociações entre sindicatos docentes e Estado.[9]
e) As políticas curriculares, de formação e aperfeiçoamento docente e de avaliação do desempenho profissional, que serviriam como instrumentos de implementação *top-down* de reformas que tendem a proletarizá-los, a desautorizar suas experiências, práticas convencionais e saberes profissionais, e a requalificá-los como executores de pautas e prescrições de especialistas externos e alheios à cultura escolar.[10]

FLACSO-TEMAS Grupo editor; e Torres, Carlos Alberto (1999) *El rol de los sindicatos docentes, el Estado y la sociedad en la reforma educativa*. Boletim n. 2 do Projeto Sindicalismo docente e reforma educacional na América Latina. Buenos Aires: FLACSO-PREAL.

8. Para uma análise dos limites e potencialidades destas transformações na composição do salário e carreira dos docentes, ver: Morduchowicz, Alejandro (2002) *Carreras, incentivos y estructuras salariales docentes*. Documento de trabalho n. 23, Grupo de Trabalho "Sindicalismo docente y reforma educativa en América Latina". PREAL-FLACSO. Ver também os trabalhos editados em: Murillo, M. Victoria (ed.) (2002) *Carreras magisteriales, desempeño educativo y sindicatos de maestros en América Latina*. Buenos Aires: FLACSO.

9. Para uma análise das tendências mundiais da descentralização educacional, ver: Weiler, Hans (1996) "Enfoques comparados en descentralización educativa", em: Pereyra M. et alii (comp.), *Globalización y descentralización de los sistemas educativos. Fundamentos para un nuevo programa de la educación comparada*. Barcelona: Pomares-Corredor.

Para consultar interessantes análises críticas sobre o impacto dos processos de descentralização educacional na América Latina e na Argentina, a partir da perspectiva dos sindicatos docentes, ver: Mango, Marcelo y Vázquez, Silvia (comp.) (2003) *Descentralización y municipalización. El debate del espacio público en la escuela*. Buenos Aires: CTERA.

10. Para uma análise das modalidades *top-down* de gestão das reformas educacionais e suas conseqüências sobre a organização dos centros educacionais, ver: Bolívar, Antonio (1996) "El lugar del centro escolar en la política curricular actual. Más allá de la reestructuración y de la descentralización", em: Pereyra M. et alii (comp.) *Globalización y descentralización de los*

Outros estudos apresentam um ponto de vista que difere dos anteriormente citados, uma vez que identificam como um importante "obstáculo político" para a implementação das reformas educacionais, justamente a conflitiva relação existente entre os sindicatos docentes e os representantes governamentais promotores das mudanças no setor. Estes enfoques atribuem pouca influência e poder aos funcionários que ocupam cargos de alta hierarquia no governo educacional (ministros, secretários e outros funcionários políticos), em virtude de sua escassa permanência nos cargos que ocupam. Ao mesmo tempo, ponderam que existe uma incidência relativamente maior por parte dos sindicatos e de outros atores sociais demandantes (as famílias, as corporações etc.). Assim, tais estudos concentram sua atenção em questões relativas à "governabilidade" e "eficiência" dos sistemas educacionais e dos processos de reforma e inovação sistêmica da educação, advertindo para a necessidade de se gerarem condições políticas e técnicas adequadas que garantam certa estabilidade e continuidade às políticas educacionais e um contexto no qual haja um consenso mínimo, que permita a elaboração e execução de uma estratégia de acordo a médio prazo entre os setores em disputa. Tais estudos geralmente não se ocupam em profundidade dos condicionantes históricos e contextuais da conflitividade educacional, nem do sentido ou possíveis conseqüências das políticas oficiais de reforma e/ou melhoria sobre o trabalho dos docentes, mas ainda assim são relevantes pois demonstram que são escassas as possibilidades de sucesso de qualquer política pública ou inovação no campo educacional que não considere e tente resolver de maneira estrutural as tensões e conflitos que minam a viabilidade política dos empreendimentos estatais.[11]

O campo educacional latino-americano foi progressivamente convertendo-se, de forma cada vez mais evidente, em uma arena de conflitos, demandas encontradas e reivindicações que têm gerado tensões

---

sistemas educativos. Fundamentos para un nuevo programa de la educación comparada. Barcelona: Pomares-Corredor.

Para uma análise da reforma educacional e curricular na Argentina, ver: Suárez, Daniel (2003) "Los efectos pedagógicos de la reforma educativa de los '90 en Argentina: reconfiguración del currículum, descalificación docente y control tecnocrático", em: *Revista Novedades Educativas,* n. 155. Buenos Aires-México, dezembro de 2003.

11. Ver, por exemplo, Corrales, Javier (1999) *Aspectos políticos en la implementación de las reformas educativas.* Documento de Trabalho n. 14. Santiago de Chile: PREAL.

e idas e vindas decisivas para o desenvolvimento democrático da vida política, social e cultural das sociedades e países da região. Por sua vez, a agenda pública de conflitos educacionais, tal como vem se definindo nos últimos anos, está sendo atropelada pelas urgências dos tempos de crises, assim como pelos olhares muitas vezes restritos dos setores em disputa. A ausência de uma plataforma conceitual e normativa que promova a definição e o desenvolvimento democrático de políticas docentes integrais, assim como os obstáculos que se erguem diante da possibilidade de uma participação efetiva de todos os atores educacionais no debate e prática de uma reforma que fortaleça a escola pública e universalize o direito à educação, talvez sejam características críticas comuns a todos os países da região.

Conflito educacional: a caminho de uma definição teoricamente ambiciosa

A conceitualização do conflito educacional, ou em outros termos, a definição de conflito escolhida para analisar esta problemática e sua dinâmica, determinará especificidades e diversos modos de abordagem, configurando múltiplas maneiras de pensar a problemática específica do conflito docente na América Latina.

Considerando os espaços sociais atravessados por relações de poder e de força nos quais os agentes, em função de sua posição relativa, lutam e negociam com outros grupos para definirem os limites do *campo*, pode-se pensar no conflito educacional a partir de uma perspectiva dinâmica e complexa.[12] Assim, o conflito é entendido como um processo constitutivo no qual os agentes ou atores lutam para imporem ou conseguirem consenso social e político sobre sua própria visão da educação. Esta visão do conflito, como dinâmica constitutiva do processo de interação social, permite que recuperemos a noção de in-

---

12. Bourdieu refere-se aos "campos" como "universos sociais relativamente autônomos" (p. 84). É nesses campos de forças que se desenvolvem os conflitos específicos entre os agentes envolvidos. A educação, a burocracia, o intelectual, o religioso, o científico, o artístico etc. são campos específicos; ou seja, estruturados conforme esses conflitos característicos nos quais enfrentam diversas visões que lutam para se imporem. Para ampliar o conceito de "campo", ver: Bourdieu, Pierre (1997). *Razones prácticas. Sobre la teoría de la acción*. Barcelona: Anagrama.

teresses contrapostos e de poder relativo com que cada ator conta para impor "seu" consenso aos demais ou para conseguir acordos. Nesse sentido, o conflito é pensado de forma dinâmica, ou seja, como um campo ativo de produção e luta simbólica, e não meramente reativo. Desta forma, a conflitividade social não é uma reação mecânica dos grupos subalternos à dominação exercida pelos poderosos. Seu estudo implica na reconstrução de práticas de significação dos sujeitos protagonistas dos conflitos para abranger esse campo de luta simbólica. De tal forma, esta definição nos permite considerar a possibilidade de interação de múltiplos sujeitos no contexto da conflitividade docente.

Nesta mesma linha de reflexão, podemos pensar o conflito educacional como um elemento consubstancial dos processos sociais nos quais se evidenciam e revelam os diversos e contraditórios interesses econômicos e políticos, os pontos de vista e as percepções culturais e psicossociais dos atores individuais e coletivos em jogo. Deste modo, os conflitos não possuem uma única causa mas aparecem como fenômenos multicausais nos quais faz-se necessário compreender a rede de sentidos que constrói e reconstrói o contexto econômico, político e social do país, assim como o contexto histórico onde estes se inserem, a fim de recuperar os fatores que lhe deram origem e que conferem a esta problemática sua especificidade histórica.

Numa outra perspectiva, complementar à anterior, poderíamos considerar o conflito educacional à luz do cruzamento de processos de individualização e socialização de sujeitos individuais e/ou coletivos, historicamente determinados. O conflito existe onde há sujeitos — com auto-consciência — que procuram se construir como tais, a partir das diferenças e coincidências que cada um tem em relação aos outros. Nesse sentido, a construção do eu-magisterial (em suas condições de trabalho) como grupo, não deve ser vista isoladamente do outro (constituído por estudantes, pais de família e a sociedade em geral). A construção da identidade magisterial nem sempre coincide com a percepção dos grupos de poder. O conflito docente nasce da interação do magistério com outros grupos e não como resposta unilateral e exclusiva a seus interesses.

Uma outra maneira de conceituar o conflito social diz respeito à compreensão de que este não existe sem a presença de sujeitos organizados, supondo que o magistério é um grupo social e o governo a expressão de grupos sociais no poder. Esta definição nos leva a considerar a construção histórica dos grupos sociais e a diferenciação entre sujeitos e atores sociais.

Também é possível partir de um enfoque sócio-organizacional, no qual poderíamos considerar o conflito social e educacional como inerente aos sistemas capitalistas. Nesse sentido, o conflito entre capital e trabalho, próprio das sociedades capitalistas, não se daria apenas na esfera privada, mas também poderia se fazer presente no setor público, uma vez que as formas de emprego e relações de trabalho se processam de maneiras tipicamente capitalistas. Desta forma, o conflito e a resistência dos trabalhadores ocorrem no contexto da organização capitalista do trabalho. Isto justifica o fato destes conceitos — conflito e resistência — não serem neutros, mas refletirem relações sociais historicamente determinadas.

A partir desta perspectiva, os conflitos são onipresentes na vida social e assumem formas variadas que podem se diferenciar segundo sua natureza e objetivos. Isto leva-nos a indagar sobre a origem dos conflitos e das manifestações que estes assumem a partir de sua contextualização. Nesse sentido, poderíamos concluir que o conflito docente possui uma particularidade que provém da especificidade do trabalho docente, ou seja, de sua autonomia.

Por fim, não é possível formular uma teoria do conflito educacional que não parta da análise, sistematização e interpretação dos conflitos realmente existentes. Portanto, algumas das teorias disponíveis são limitadas, uma vez que não consideram o magistério como sujeito social que participa, cria e é parte constitutiva de uma dimensão específica do conflito social (o conflito educacional).

Nossa noção de conflito educacional, como toda noção dialética de conflito social, baseia-se no caráter processual e dialético da conflitividade política. Ou seja, pretende analisar os processos que constituem e dão sentido à conflitividade. O conflito educacional deve ser compreendido no contexto mais amplo do conflito social (suas conexões, redes e nexos com outras esferas de conflitividade), dentre os quais: os processos de reconversão trabalhista e sindical, a deterioração das condições de vida dos setores populares e das diferentes formas de luta (nem sempre convencionais) que os movimentos sociais desenvolvem a fim de resistirem a essa deterioração, as disputas sindicais internas, e as estratégias de construção política que definem os dirigentes sindicais e políticos de cada país.

Por outro lado, uma análise dos conflitos não pode se resumir na ponderação acerca da sua eficácia como ferramenta para a formulação de demandas e a obtenção de conquistas imediatas por parte daqueles que mobilizam determinadas estratégias de luta. Dentro de uma perspectiva funcionalista, o conflito é, logicamente, um meio de obter certos resultados. Todavia, ainda que a conquista de certos benefícios seja, sem dúvida alguma, uma das principais motivações daqueles que organizam e promovem diversas formas de resistência, toda análise crítica sobre a conflitividade social deve tentar compreender a multiplicidade de fatores que, historicamente, permitem reconhecer o surgimento de certas lutas tanto retrospectivamente como prospectivamente. A análise sobre os sentidos do conflito educacional, dimensão constitutiva do conflito social, não pode ser reduzida a uma equação custo-benefício, onde a "racionalidade" dos atores envolvidos opera sob o estímulo da maximização de conquistas imediatas. Esta é uma questão fundamental, pois o fraco resultado (no que diz respeito a suas demandas formais e explícitas) de algumas das mais importantes mobilizações docentes promovidas em diferentes países da América Latina, assim como seu eventual sucesso, nem sempre explicam o surgimento e a persistência da conflitividade educacional na região. As causas de qualquer conflito social são sempre múltiplas, nunca lineares e, muito menos, subordinadas a uma valoração instrumental de cujo resultado depende sua continuidade ou seu fim.

Os resultados da cronologia da ação sindical docente, apresentados a seguir, estão longe de oferecer-nos um panorama completo e detalhado que permita explicar a razões da multiplicação de cenários de intensa conflitividade que marcaram as recentes reformas educacionais latino-americanas. Entretanto, podem servir-nos como base para a formulação de hipóteses e o delineamento de tendências que contribuam para uma melhor compreensão de uma problemática sobre a qual falamos muito e estudamos pouco.

Uma cronologia da ação sindical docente na América Latina (1998-2003)

Durante a última década, os processos de reforma educacional implementados na América Latina foram acompanhados de uma intensa conflitividade. Na tentativa de construir uma visão de conjunto dessa conflitividade, propomo-nos a apresentar aqui algumas das informações básicas obtidas a partir de um estudo cronológico das ações reivindicativas do professorado, promovidas por entidades sindicais do setor educacional entre os anos de 1998 e 2003.[13] O principal objetivo deste estudo foi mapear e compilar as principais estratégias de protesto docente, ocorridas em 18 países da América Latina.[14]

Como já foi mencionado, qualquer análise que aborde as condições de mudança educacional na América Latina dificilmente deixará de reconhecer que os processos de reforma foram, e são, cenário de uma alta conflitividade, que teve e tem as organizações magisteriais como um de seus atores mais significativos. Independentemente do juízo de valor que se possa fazer sobre tais reformas, é inegável que elas foram, para bem ou para mal, campo de confronto e disputa de interesses que, em alguns casos, traduziram-se em momentos de protesto e ações reivindicativas de longa duração, respondidos com uma não menos intensa ação repressiva, criminalizadora ou punitiva por parte dos governos nacionais, em quase todos os países do subcontinente. A despeito da voluntariosa disposição conciliadora demonstrada pelos promotores das reformas, ou da falta dela, o conflito foi a marca que permanentemente acompanhou as mudanças operadas nos sistemas educacionais latino-americanos durante as duas décadas passadas. Em seu papel de vítimas ou culpados, os sindicatos docentes exerceram um papel central nesse conflito.

Contudo, e mais além destas questões de reconhecimento comum, poucos são os estudos que procuram compreender as causas desta alta

---

13. A partir da realização de uma *Cronología de la acción sindical entre 1998 y 2003* en el marco del *Estudio de los conflictos en los sistemas educativos de América Latina: agendas, actores, evolución, manejo y desenlaces*, buscou-se compilar os principais conflitos educacionais, cujos protagonistas foram as organizações sindicais do magistério, entre 1998 e 2003. Pretendemos com isso detectar as dimensões assumidas por estas ações reivindicativas, as formas como se expressaram, as demandas que as motivaram e os atores que nelas estiveram envolvidos. Esta abordagem, ainda que limitada em sua capacidade de determinar dinâmicas específicas e certas características peculiares a cada caso nacional, permitiu-nos, contudo, oferecer uma visão de conjunto que pode contribuir para a reflexão crítica e rigorosa acerca de uma das questões mais polêmicas da pesquisa sobre políticas educacionais nos países da região.

14. Argentina, Bolívia, Brasil, Chile, Colômbia, Costa Rica, Equador, El Salvador, Guatemala, Honduras, México, Nicarágua, Panamá, Paraguai, Peru, República Dominicana, Uruguai e Venezuela.

conflitividade e, surpreendentemente, menos são os que procuram ponderar suas tendências a partir de dados precisos e não apenas aproximados.[15] A maioria dos estudos e pesquisas sobre o tema é escassa e focalizada em casos nacionais. A informação sindical, por sua vez, costuma ser dispersa e produzida à luz dos conflitos e lutas protagonizadas pelas diferentes organizações.

Analisar qualquer processo de conflitividade social apelando à objetividade e ao distanciamento é uma tarefa difícil. De qualquer maneira, e independentemente de nossas simpatias para com todos os movimentos de resistência e luta por um mundo melhor, o que pretendemos aqui é, de forma um tanto esquemática, apresentar algumas tendências a respeito do que tem ocorrido em matéria de ação sindical docente em 18 países latino-americanos, durante os últimos cinco anos. Para tal fim, partiremos da sistematização de dados que consideramos imprescindíveis e que foram levantados a partir de diversas fontes primárias e secundárias (meios jornalísticos, imprensa sindical, estudos e pesquisas, entrevistas etc.)

Os resultados obtidos. Algumas tendências

A cronologia da ação sindical, realizada durante a primeira parte deste projeto, contempla 863 conflitos educacionais que têm as organizações sindicais do magistério como seus atores centrais. O período analisado corresponde aos cinco anos que transcorreram entre 1º de janeiro de 1998 e 31 de dezembro de 2003.[16]

Do total de conflitos registrados, 342 (40%) foram protagonizados por sindicatos de base; 107 (12%) por frentes sindicais docentes (entidades de base agrupadas, mesmo pertencendo à mesma federação); 66 (8%) por agremiações docentes sem afiliação sindical definida;

---

15. Há, naturalmente, algumas significativas exceções a esta observação. O projeto "Sindicalismo Docente y Reforma Educativa" do Preal é uma delas. Da mesma forma, uma boa parte da bibliografia cujo acesso está disponível, de maneira geral, na página web do Observatório Latino-americano de Políticas Educacionais (OLPED/LPP): *www.lpp-uerj.net/olped/conflictos*

16. As tarefas de levantamento de conflitos educacionais continuam, em uma segunda etapa desta pesquisa, abrangendo o período 2004-2005. Esta segunda etapa conta com o apoio do Fórum Latino-americano de Políticas Educacionais (FLAPE).

77 (9%) pela comunidade educacional (incluindo-se nesta categoria eventualmente certas organizações magisteriais); 80 (9%) por federações ou confederações docentes; 70 (7%) por centrais sindicais (com participação de sindicatos magisteriais); 61 (7%) por frentes sociais (nas quais também participam entidades sindicais docentes); e 63 (7%) por outros tipos de organização. O Gráfico 1 apresenta a distribuição percentual destas instâncias no total de conflitos recopilados.

Gráfico 1
Protagonistas centrais dos conflitos registrados na cronologia

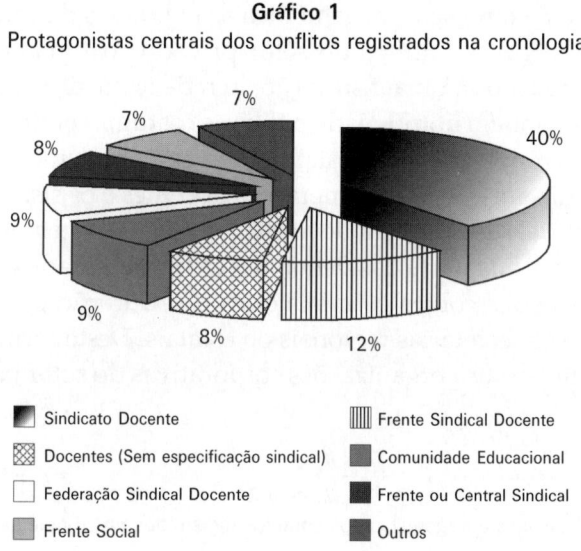

- Sindicato Docente
- Docentes (Sem especificação sindical)
- Federação Sindical Docente
- Frente Social
- Frente Sindical Docente
- Comunidade Educacional
- Frente ou Central Sindical
- Outros

Os principais antagonistas dos conflitos têm sido os governos nacionais. Pouco mais da metade dos conflitos registrados (487 — 54%) foram motivados por reivindicações e demandas dirigidas aos ministérios da educação e, principalmente nos países com um sistema educacional descentralizado, contra governos regionais ou estatais (274 — 31%). Alguns poucos conflitos foram dirigidos contra administrações municipais (46 — 5%) ou contra administrações universitárias (35 — 4%). Outros (52 — 5%) tiveram como cenário dos confrontos as próprias entidades sindicais do setor ou choques entre tendências de uma mesma organização magisterial (este é especificamente o caso do México).

Um fato que chama a atenção é a ausência de conflitos que tenham o setor privado como antagonista. Do total de ações de protesto registradas em nossa cronologia, nenhuma foi exclusivamente contra as corporações particulares de ensino. Várias razões poderiam explicar este fato. Podemos falar dos sindicatos docentes do setor privado, que costumam ser em alguns países menos organizados e combativos que os do setor público. Em alguns casos, não há sequer representação sindical nas organizações de trabalhadores do magistério que atuam na rede privada de ensino. Além disso, quando estas organizações são mais ativas e orgânicas, atuam nas federações ou confederações docentes que têm como setor hegemônico as entidades do setor público. Além disso, alguns conflitos do setor privado costumam ser muito centrados e restritos a uma instituição ou rede de instituições (por isso nem sempre ganham notoriedade pública e costuma ser difícil registrá-los em uma cronologia como esta). Finalmente, podemos acrescentar que na medida em que as remunerações docentes e os sistemas de carreira magisterial são, também de forma geral, regulamentados por governos centrais, boa parte das demandas do professorado do setor privado são dirigidas contra os ministérios de educação ou, em alguns casos, contra as secretarias regionais ou estatais. Desta forma, a ausência de conflitos contra organizações corporativas do setor não indicam

Gráfico 2
Principais antagonistas dos conflitos registrados na cronologia

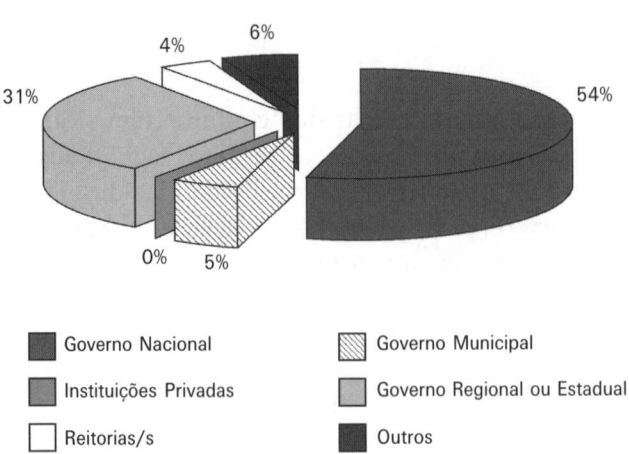

falta de conflitos no subsistema privado, mas sim uma configuração particular da conflitividade educacional em países com uma grande centralidade do Estado no fornecimento dos serviços escolares e na regulamentação do trabalho docente.

Um dos dados mais impactantes de nossa pesquisa refere-se à duração dos conflitos registrados. Entre 1998 e 2003, a soma dos dias de conflito educacional, nos 18 países estudados, atingiu a marca de 4.802 dias. Considerando que o período analisado compreende 1.825 dias, isto significa que, em cinco anos, houve, na região, 2,6 protestos educacionais por dia. A informação precedente é meramente indicativa e pouco nos diz acerca da natureza e do sentido dos conflitos ocorridos no período. Entretanto, este dado é de vital importância para a compreensão da magnitude da conflitividade educacional na América Latina durante estes últimos anos.

O Quadro 1 apresenta alguns dados relevantes, considerando a duração dos conflitos registrados em nossa cronologia:

- O país no qual os conflitos educacionais tiveram maior duração foi a Argentina, com 1.491 jornadas de protesto. Isto significa que, durante parte do governo de Carlos Menem e no conturbado período que se seguiu à renúncia de Fernando de la Rua, descontando os dias de recesso escolar, houve, na Argentina, mais de um protesto educacional por dia.

- O Brasil ocupa o segundo lugar em duração de conflitividade educacional, com 1.118 dias de ação sindical docente. Em terceiro lugar está o México, com 978 dias.

- Bolívia, República Dominicana, Equador, Guatemala e Honduras tiveram mais de 100 dias de lutas docentes diretas; Nicarágua e El Salvador são os países nos quais as jornadas de protesto foram temporalmente mais curtas, com 8 e 13 dias, respectivamente.

- O México foi o país com a maior média de dias por conflito registrado (20,8 dias). Na Argentina e no Equador, as ações de protesto se prolongaram, em média, 14,3 dias por conflito registrado. No Brasil, 14,1 dias; na Guatemala, 12,2 dias; na Costa Rica, 9,4 dias; no Chile, 7,7 dias; na Bolívia, 7,3 dias; no Paraguai, 5,6 dias; e no Panamá, 5,5 dias. Nos países selecionados, nenhum protesto teve duração média inferior a 3 dias.

- O tempo médio de duração dos protestos educacionais na América Latina foi, entre 1998 e 2003, de 11 dias.

Obviamente, estes cálculos pouco nos informam acerca da especificidade dos conflitos em questão, nem, muitos menos, permitem analisar seu impacto como estratégias de luta. Sendo assim, seria um erro associar a duração dos conflitos com sua eficácia ou ineficácia para atender às demandas formuladas pelos atores responsáveis pela mobilização dos protestos educacionais durante o período considerado. Entretanto, também neste caso, os dados apresentados nos alertam sobre a longa duração da conflitividade social que acompanhou as reformas educacionais implementadas na América Latina, desfazendo assim a idílica imagem de diálogo e acordo que, mesmo sendo evidentemente equivocada, alguns setores ainda hoje se esforçam em reafirmar.

Não há dúvidas de que uma reforma educacional democrática deve ser fundamentada no acordo e no diálogo, procurando um consenso entre os diversos atores sociais. Todavia, este não foi o caso das reformas implementadas durante os anos 1980 e 1990. Sendo assim, podemos reconhecer que a alta conflitividade que as acompanhou, fez da institucionalidade democrática presente naquele contexto um elemento formal ou meramente decorativo. Reformas educacionais não democráticas em um estado de direito "democrático", não são outra coisa senão mais uma evidência da profunda deterioração a que foram submetidas as instituições públicas, em uma região dominada por governos conservadores e neoliberais.

Do total de ações de protesto magisterial registradas, 54% foram greves e paralisações (465 registros), 57% atos de marchas (496 registros) e 27% outros tipos de manifestação (232 registros).

Em relação aos tipos de reivindicações e demandas que motivam as ações, 79% se deveram a questões trabalhistas (lutas por aumento salarial, sistema de aposentadorias e planos de carreira para professores); 28% estiveram vinculadas a demandas de política educacional (aumento do orçamento educacional, confrontos contra os processos de descentralização e transferência, negociação sobre as leis da educação, disputas ao redor da implementação de sistemas de avaliação, sistemas curriculares etc.); 12% diziam respeito a reivindicações de caráter político e sistêmico (exigências de renúncias de autoridades governamentais, impugnação do modelo econômico social vigente etc.);

Quadro 1 Duração do protesto docente em 18 países de América Latina					
País	Número de protestos registrados			Dias de duração do protesto docente entre 1998 e 2003	
	Total por país	Total por país com registro de duração (A)	Total por país sem registro de duração	Total de dias (B)	Média de dias por protesto levantados com registro de duração (B/A)
Argentina	146	104	42	1491	14,3
Bolívia	51	26	25	192	7,3
Brasil	117	79	38	1118	14,1
Chile	11	4	7	31	7,7
Colômbia	31	20	11	85	4,2
Costa Rica	11	5	6	47	9,4
R. Dominicana	51	33	18	113	3,4
Equador	22	13	9	186	14,3
Guatemala	30	12	22	147	12,2
Honduras	64	23	41	119	5,1
México	150	47	103	978	20,8
Nicarágua	9	2	7	8	4
Panamá	26	7	19	39	5,5
Peru	24	14	10	46	3,2
Paraguai	27	11	16	62	5,6
El Salvador	13	3	10	13	4,3
Uruguai	23	20	3	71	3,5
Venezuela	57	12	45	56	4,6
Total	863	435	428	4.802	11

e 6% sobre outros tipos de demandas não contempladas nas categorias anteriores (conflitos entre correntes sindicais, demandas conjunturais etc.).

As demandas por aumento salarial estiveram em muitas ocasiões articuladas a reivindicações e questionamentos gerais contra a política educacional ou sistêmica. Evidentemente, as reivindicações de caráter trabalhista foram as mais freqüentes e abrangentes. (Quadro 3)

Quadro 2		
Forma de protesto docente		
	Total	%
Greves e Paralisações	465	54
Atos e Marchas	496	57
Outras	232	27

Quadro 3		
Tipos de reivindicação e demanda docente		
	Total	%
Trabalhista	682	79
Política Educacional	244	28
Sistêmica/Política	100	12
Outras	53	6

Os Quadros 4 e 5 sintetizam as informações relativas às formas de protesto e tipos de reivindicação docente desagregadas por país. Os dados são eloqüentes.

É particularmente interessante analisar a duração das greves e paralisações em cada país pesquisado. Isto permite que tenhamos uma noção mais exata da quantidade de dias em que, efetivamente, as atividades docentes foram paralisadas nos estabelecimentos escolares dos países analisados. Os dados obtidos evidenciam que, com pouquíssimas exceções, as greves e paralisações magisteriais seguem um modelo de protesto clássico e, em geral, possuem um alto índice de adesão. Sem dúvida alguma, uma análise mais pormenorizada de cada caso concreto poderia nos oferecer uma perspectiva detalhada do impacto destas formas de luta na cotidianidade dos sistemas educacionais. Como já indicamos, nosso levantamento não permite este tipo de abordagem. Contudo, um inventário como o apresentado a seguir pode nos oferecer uma visão de conjunto da intensa conflitividade que tem marcado os processos de reforma educacional em boa parte dos países da região. Por outro lado, mesmo que as greves suponham a paralisação das atividades escolares, não são estas as únicas formas de protesto que o fazem. Os dados oferecidos no Quadro 1 alertam sobre a duração geral do protesto docente. O Quadro 6 especifica as informações, destacando unicamente os dias de paralisação magisterial asso-

Quadro 4
Formas de protesto e tipos de reivindicação docente por país entre 1998 – 2003 (totais)

País	Formas			Reivindicação			
	Greves	Atos e Marcha	Outras	Trabalhista	Política Educacional	Sistêmica/ Política	Outras
Argentina	93	83	48	128	48	12	2
Bolívia	29	37	17	29	17	21	3
Brasil	90	50	22	111	27	3	0
Chile	4	11	1	11	1	2	0
Colômbia	20	19	10	26	11	3	1
Costa Rica	5	9	0	11	2	1	0
R. Dominicana	39	18	15	47	8	0	1
Equador	16	15	4	15	10	3	0
Guatemala	5	22	6	18	12	5	4
Honduras	24	32	21	57	7	7	5
México	49	85	65	106	43	12	31
Nicarágua	2	5	2	5	4	1	1
Panamá	7	19	5	18	10	2	1
Peru	12	21	2	14	4	16	0
Paraguai	15	19	4	21	9	1	1
El Salvador	3	11	0	9	1	4	1
Uruguai	21	8	2	16	12	3	0
Venezuela	31	32	8	40	18	4	2
Total	465	496	232	682	244	100	53

ciadas às demandas trabalhistas, de política educacional e/ou sistêmicas:

- Nos países selecionados, o total de dias de greve soma 3.132 dias, entre 1998 e 2003. Isto significa que, durante o período estudado, houve, na América Latina, três dias de greve para cada dia de ano letivo.
- A duração média das greves magisteriais é de 8,5 dias.
- Os países nos quais as paralisações duram, em média, um tempo maior são: México (18,8 dias), Guatemala (16,7 dias), Brasil (14,5 dias), Equador (14,3 dias) e Costa Rica (9,4 dias).
- A alta intensidade das greves em alguns dos países estudados gera uma grande concentração de dias de protesto em alguns poucos casos com relação aos demais. Desta forma, a

Quadro 5
Formas de protesto e tipos de reivindicação docente por país entre 1998 – 2003 (%)

País	Formas			Reivindicação			
	Greves	Atos e Marcha	Outras	Trabalhista	Política Educacional	Sistêmica/ Política	Outras
Argentina	63,70	56,85	32,88	87,67	32,88	8,22	1,37
Bolívia	56,86	72,55	33,33	56,86	33,33	41,18	5,88
Brasil	76,92	42,74	18,80	94,87	23,08	2,56	0,00
Chile	36,36	100,00	9,09	100,00	9,09	18,18	0,00
Colômbia	64,52	61,29	32,26	83,87	35,48	9,68	3,23
Costa Rica	45,45	81,82	0,00	100,00	18,18	9,09	0,00
R. Dominicana	76,47	35,29	29,41	92,16	15,69	0,00	1,96
Equador	72,73	68,18	18,18	68,18	45,45	13,64	0,00
Guatemala	16,67	73,33	20,00	60,00	40,00	16,67	13,33
Honduras	37,50	50,00	32,81	89,06	10,94	10,94	7,81
México	32,67	56,67	43,33	70,67	28,67	8,00	20,67
Nicarágua	22,22	55,56	22,22	55,56	44,44	11,11	11,11
Panamá	26,92	73,08	19,23	69,23	38,46	7,69	3,85
Peru	50,00	87,50	8,33	58,33	16,67	66,67	0,00
Paraguai	55,56	70,37	14,81	77,78	33,33	3,70	3,70
El Salvador	23,08	84,62	0,00	69,23	7,69	30,77	7,69
Uruguai	91,30	34,78	8,70	69,57	52,17	13,04	0,00
Venezuela	54,39	56,14	14,04	70,18	31,58	7,02	3,51

soma dos dias de paralisação na Argentina, no Brasil, na República Dominicana, no Equador, em Honduras e no México concentram 80% do total de dias de greve dos países da região (2.497 dias).

- Nicarágua e El Salvador são os países com menos dias de greve magisterial (8 e 13 dias, respectivamente). República Dominicana, Peru e Paraguai são os países nos quais as greves possuem, em média, o menor tempo de duração (menos de 3,5 dias). O caso da República Dominicana é representativo entre os países com um alto número de paralisações de curta duração. A Guatemala representa os países com um número reduzido de greves, ainda que de longa duração. O Brasil está entre os países com um alto número de greves, quase todas de longa duração.

Quadro 6
Duração das greves e paralisações docentes em 18 países de América Latina

País	Número de greves registradas			Dias de duração das greves docente entre 1998 e 2003	
	Total por país	Total por país com registro de duração (A)	Total por país sem registro de duração	Total de dias (B)	Média de dias por protesto levantados com registro de duração (B/A)
Argentina	93	89	4	556	6,2
Bolívia	29	22	7	118	5,3
Brasil	90	77	13	1.116	14,5
Chile	4	4	0	31	7,7
Colômbia	20	18	2	82	4,5
Costa Rica	5	5	0	47	9,4
R. Dominicana	39	31	8	102	3,2
Equador	16	13	3	186	14,3
Guatemala	5	4	1	67	16,7
Honduras	24	16	8	103	6,4
México	49	24	25	434	18,8
Nicarágua	2	2	0	8	4
Panamá	7	7	0	39	5,5
Peru	12	12	0	42	3,5
Paraguai	15	10	5	61	6,1
El Salvador	3	3	0	13	4,3
Uruguai	21	20	1	71	3,5
Venezuela	31	12	19	56	4,6
Total	465	369	96	3.132	8,5

(*) Não consideramos a duração daqueles registros nos quais a informação era imprecisa ou pouco confiável.

Quase a totalidade dos conflitos docentes foi promovida por atores sindicais, um fator que poderia explicar, em parte, o tipo de reivindicações e demanda que estruturam estas lutas. A exigência do pagamento de salários atrasados, a reação ao pagamento por meio de bônus ou as demandas por recomposição salarial foram os principais eixos sobre os quais se estruturaram as lutas magisteriais na América Latina. Entretanto, quando estas reivindicações aparecem radicalizadas, as demandas magisteriais costumam se articular em torno de motivações mais amplas, tais como a defesa da educação pública e a resistência aos processos de privatização do sistema escolar promovidos pelas administrações neoliberais. Além das reivindicações especificamente educacionais, o setor docente tem tido um papel central nos processos de mobilização social impulsionados pelos setores populares.

Considerações finais

Os países da América Latina apresentam peculiaridades e características específicas, mas durante os últimos vinte anos, todos sofreram mudanças dramáticas em suas estruturas econômicas e sociais. Quase sem exceção, eles foram submetidos a profundos processos de racionalização do gasto público e de redefinição das modalidades de intervenção do Estado em matéria econômica, social e educacional. Um *déficit* fiscal crônico, o crescente endividamento externo e a perda de competitividade das exportações regionais no mercado internacional apresentavam-se como as causas mais evidentes da "estagnação regional", que tornava "obrigatória" a implementação de um conjunto de "dolorosas" medidas corretivas. A nova ordem mundial globalizada, as transformações no modelo de acumulação e de circulação de capitais e a reconversão dos processos produtivos exigiam uma série de políticas dirigidas a modificar radicalmente e de uma só vez as pautas de governo estatal e o funcionamento das economias dos países da região.

Desta forma, a abertura comercial e a desregulamentação das economias nacionais, as políticas de ajuste estrutural e de restrição do gasto social, os processos de privatização e descentralização administrativa dos serviços, juntamente com a crescente ingerência dos organismos internacionais de crédito no planejamento e financiamento das políticas estatais, foram rasgos comuns à quase totalidade dos países latino-americanos. Além disso, os processos de reconversão e flexibilização trabalhista, e a conseqüente deterioração das condições de vida para a grande maioria da população, surgiram como as marcas evidentes de sociedades cada vez mais enfraquecidas, atravessadas por progressivos processos de pauperização, fragmentação e exclusão social, e por uma profunda crise institucional e política.

A implementação destas políticas esteve estreitamente relacionada ao conjunto de medidas adotadas no campo educacional. Em quase todos os países da região foram promovidos intensos programas de reforma dos sistemas escolares, ao mesmo tempo em que se redefiniam as incumbências políticas, fiscais e administrativas do Estado em matéria educacional. A desvinculação do Estado nacional da responsabilidade de financiamento e gestão dos estabelecimentos de ensino, justificada pelos princípios da "qualidade, eqüidade e eficiência", introduziram modificações radicais que interpelaram diretamente às instituições educacionais. As modalidades históricas de governo e administração dos aparelhos escolares, os marcos normativos que dirigiam e organizavam o funcionamento escolar, as condições e formas convencionais de regulamentação do trabalho docente e a própria organização do ensino nas salas de aula, se viram profundamente alterados, ao mesmo tempo em que o mal-estar pelo caráter autocrático e vertical da implementação das reformas ia se consolidando na periferia dos sistemas.

Tal como vimos no desenvolvimento deste trabalho, os processos de reforma coincidiram com um aumento notável da conflitividade educacional, convertendo-a no principal protagonista da crescente conflitividade social na região. Cada vez com maior intensidade e mediante diferentes estratégias, os diversos atores do campo educacional, sobretudo os docentes sindicalizados, confrontaram com os governos através de uma permanente e cíclica luta para instalarem suas demandas e necessidades na agenda da política pública. Não apenas o cenário educacional latino-americano, mas também o campo político-social em seu conjunto, encontram-se determinados pela emergência e pela prolongação de ações e manifestações desta conflitividade, explicitadas e protagonizadas em sua maior parte pelos sindicatos docentes e seus antagonistas, pelas equipes governamentais e pelos elencos técnico-burocráticos dos aparelhos estatais.

Neste contexto, as denominadas "políticas de acordo" apareceram como um dos eixos estratégicos centrais dos programas reformistas, com o fim de propiciar a construção de consensos em torno de orientações de política e medidas adotadas, garantindo desta forma a "governabilidade" e viabilidade das mudanças pretendidas. Diversos mecanismos de consulta, instâncias de acordo e negociação, a delegação às escolas das responsabilidades de gestão institucional e adaptação local e regional de diretrizes estabelecidas pelos órgãos centrais de governo, apresentaram-se como estratégias tendentes a gerarem novas estruturas e hierarquias de participação dos diversos atores da comunidade educacional.

Entretanto, é paradoxal pensar na efetividade destas políticas e estratégias à luz da intensa e prolongada conflitividade que acompanhou os processos de reforma educacional ocorridos nos países da região. A análise dos alcances e da dinâmica dos processos de confrontação educacional nos obriga a considerar a incidência e o peso relativo de cada um dos protagonistas envolvidos na definição da agenda da educação. Cabe perguntarmos, então, em que medida estas políticas e mecanismos implicaram em instâncias democráticas de deliberação, circulação de idéias e projetos de participação real (ou seja, com incidência na esfera de tomada de decisões) dos diversos atores educacionais (particularmente os docentes) nas instâncias de planejamento e formulação das políticas educacionais. Ou, pelo contrário, em que medida estas estratégias de construção de consenso agiram como autênticos mecanismos de legitimação do discurso e da reforma neoliberal, pretendendo impor uma determinada visão acerca da educação e do trabalho docente?

Desta forma, a compreensão das tendências e dinâmicas da conflitividade educacional; a descrição do comportamento e das posições relativas na arena de disputas dos diversos atores comprometidos nos enfrentamentos; a análise profunda das modalidades e estratégias de luta, dissuasão, comunicação e alianças empregadas pelos setores em disputa; assim como as tensões e reformulações criativas dos diversos enfoques teóricos dirigidos a explicar e compreender em profundidade e historicamente os processos de conflito social, tornam-se necessários inclusive para atingir aspectos velados, escuros e silenciados pelas políticas educacionais implementadas na América Latina durante as últimas décadas. Dito de outro modo, a construção de uma interpretação crítica dos processos de conflito educacional e docente facilitaria em muito a reflexão acerca das políticas e reformas educacionais implementadas nos anos recentes. Assim, uma teoria crítica do conflito educacional e docente poderia oferecer elementos-chave e portas de entrada ainda inexploradas para a análise dos sistemas escolares e suas tentativas de mudança e reestruturação.

O debate

Comentários do Grupo de trabalho FLAPE – Colômbia

Universidade Pedagógica Nacional (Bogotá)[1]

1. Introdução

O presente documento apresenta as considerações do grupo FLAPE-Colômbia acerca do texto "Conflitos Educacionais na América Latina", de autoria de Pablo Gentili e Daniel Suárez, a partir do debate

---

1. Participaram das duas reuniões de discussão do Documento-base as seguintes pessoas: Carlos Alberto Lerma: Corporação Viva a Cidadania. Catalina Ángel, Sua Baquero, Carlos Cogollo, Hernando Bravo, Sonia Lucia Peña, David Jiménez, Orlando Pulido Chaves: Grupo Plataforma de Análise e Produção de Políticas Educacionais da Universidade Pedagógica Nacional. Luís Francisco Guerra: Observatório de Pedagogia de Paz da Universidade Distrital Francisco José de Caldas. Carlos Julio Giraldo e Boris Arango Clavijo: Programa de Formação para a Convivência da Universidade Pedagógica Nacional. Arturo Grueso Bonilla: Rota Afrocolombiana da Expedição Pedagógica Nacional. Juan Carlos Testa: Fundação Meninos da Guerra, Homens da Paz. Maritza Pinzón: Associação Shimana, representando o Grupo de Motivação da Rede de Experiências Pedagógicas com População em Situação de Deslocamento. William René Sánchez: Federação Colombiana de Educadores CEID-ECODE. Henry Vargas: Instituto para a Pesquisa Educacional e o Desenvolvimento Pedagógico (IDEP) da Secretaria de Educação de Bogotá. Este documento também incorpora a colaboração escrita e enviada por Ramón Moncada da Corporação Região, de Medellín, da Campanha pelo Direito à Educação e pela Plataforma de Direitos Humanos, Democracia e Desenvolvimento.

O relatório foi elaborado por Sua Baquero e submetido à revisão de alguns dos participantes das discussões.

realizado entre as organizações, instituições e redes de professores e mestres que compõem o grupo.

O encontro entre os diferentes representantes foi realizado na Universidade Pedagógica Nacional, dividindo-se em duas sessões nas quais foram discutidos, pelo grupo, os pontos mais importantes do documento-base, partindo de suas observações a respeito das características específicas da conflitividade educacional na Colômbia para oferecerem também suas análises como contribuição à discussão.

A metodologia utilizada na exposição do tema proposto pelos autores já indicaria a impossibilidade de se obter um único posicionamento como reação ao tema. Logo, houve opiniões coincidentes e outras que entraram em desacordo no interior do grupo, diferenças que certamente não pretendíamos resolver em um único debate. A intenção, de fato, era propor um espaço no qual essas posições divergentes pudessem dialogar entre si, sabendo-se que posteriormente os membros do grupo FLAPE-Colômbia terão, cada um, a oportunidade de ampliar suas posições, expondo-as em documentos individuais.

A fim de apresentar em forma de relatório as opiniões, discussões e acordos gerados pela discussão em grupo, optou-se pela seguinte seqüência em sua organização:

Na primeira parte do documento, apresentam-se as principais contribuições contidas no Documento-base, selecionadas a critério dos membros do grupo. Em segundo lugar, estão relacionados os aspectos *macropolíticos*[2] dos conflitos educacionais discutidos pelo grupo, relacionando-se as dinâmicas assumidas na Colômbia por assuntos como atividade sindical e diferentes interpretações das políticas públicas educacionais ao longo dos últimos quinze anos.

Em terceiro lugar, faz-se referência ao Movimento Pedagógico Nacional, que questiona a maneira pela qual o sindicato tem estabelecido sua relação com o Estado. Em quarto lugar, procura-se entender como a atual dinâmica internacional, nacional e local influencia os conflitos educacionais ocorridos na Colômbia, quais são os reflexos da aplicação do modelo neoliberal e como este afeta as possibilidades de

---

2. Entendidos como aspectos relacionados ao Regime Político, ao tipo de Estado, ao Conflito Interno, ao contexto constitucional, às relações entre movimentos sociais e Estado, entre outros.

conflito ou nele se manifesta. Na parte final do relatório apresentam-se assuntos mais diretamente relacionados à *micropolítica*[3] e ao tema central do fórum.

II. Considerações sobre o Documento-base

O texto aborda a conflitividade social e política, ressaltando a importância que o conflito especificamente educacional tem assumido dentro desta e destaca, ainda, a centralidade que os docentes ocupam neste conflito. Tanto o texto de base quanto a pesquisa na qual ele se baseia, delimitam, por razões acadêmicas e metodológicas, a seleção dos conflitos educacionais unicamente ao protesto docente, estabelecendo-o como o principal índice para a análise. Entretanto, esta aproximação poderá certamente tornar-se mais acentuada a partir dos dados e informações provenientes de cada um dos países membros do FLAPE e participantes do Fórum Virtual.[4]

Entre os resultados obtidos nos cinco anos analisados pelo estudo, seria interessante destacar que a maior parte dos conflitos educacionais foram protagonizados pelas organizações do magistério centradas na ação sindical, tendo os governos nacionais como seus principais antagonistas. Devemos ressaltar também que a ausência do setor privado como antagonista não significa que este não tenha se apresentado, mas revela apenas que adquiriu outras expressões.

Também devemos observar o aumento paulatino da duração dos conflitos registrados, constatando que este não está relacionado à obtenção das demandas exigidas. Além disso, verifica-se ainda que a maior parte dos protestos está constituída por greves[5] e paralisações,

---

3. Diz respeito à presença do conflito na escola, levando em conta outros assuntos relacionados à conflitividade educacional, especialmente aqueles que poderiam ser entendidos como de caráter endógeno, ou gerados pelas características próprias do sistema educacional.

4. Vale ressaltar que no grupo FLAPE-Colômbia, a FECODE (Federação Colombiana de Educadores), teve interesse em acrescentar aos dados estatísticos dos autores outros provenientes de suas bases de dados, os quais estão relacionados no texto individual elaborado para esta atividade.

5. Para alguns de nossos membros, é importante determinar o caráter da "greve". Para o caso dos educadores e da educação, é importante determinar seu sentido, seus efeitos e

apesar dos autores assinalarem o surgimento de novas formas de manifestação, particularmente aquelas relacionadas à utilização e difusão de recursos simbólicos.

As indagações acerca da condição dos educadores, tanto de seu papel histórico quanto de sua função social e política, pode trazer luz sobre processos de afirmação de propostas educacionais pertinentes a cada um dos países, a partir do ponto de vista dos sujeitos individuais e coletivos. Nesse sentido, vemos o questionamento acerca das características do "eu magisterial" como algo extremamente válido não apenas para a reflexão sobre as transformações e mudanças, mas também para a afirmação de particularidades.

Finalmente, houve um ponto de desacordo por parte dos membros presentes nas discussões em relação ao texto quando este trata da questão das lutas sindicais na Colômbia, afirmando que estas ocorreram motivadas por reivindicações trabalhistas articuladas de alguma maneira a questionamentos contra a política educacional e o sistema. Apesar de concluir que os docentes são atores centrais nos processos de mobilização social impulsionados pelos setores populares, o texto apresenta a atuação dos mesmos no caso nacional como algo esporádico, conjuntural e escassamente relacionado a processos de ação e mobilizações coletivas e de total rejeição às políticas dos setores sociais dominantes e do governo, o que inquieta alguns participantes do grupo FLAPE-Colômbia. A Federação Colombiana de Educadores possui outra leitura sobre o caso, a qual será exposta posteriormente.[6]

O Documento-base traz ainda uma importante corrente de discussão e análise que diz respeito à conflitividade educacional gerada pela tensão entre projetos políticos, culturais e sociais com enfoques e políticas educacionais regionais, nacionais e internacionais.

É preciso refletir acerca da agenda que o sindicato dos docentes deve priorizar, e não apenas o sindicato, mas também a comunidade educacional e diversos atores sociais populares que lutam pela defesa dos direitos sociais, econômicos e políticos, pelos direitos humanos,

---

sua pertinência frente a outras formas de protesto. Muitos dos casos relacionados deveriam se situar em um contexto de tempo e lugar determinado para saber a partir de onde e por que se fala com determinado conceito, o que significa na Colômbia, por exemplo, sindicato de base.

6. Em especial, no que se refere ao Movimento Pedagógico.

pelo reconhecimento de novas identidades e subjetividades e contra as políticas estatais e supra-governamentais que visam a homogeneização, principalmente em uma nação como a Colômbia, que se proclama multiétnica e pluricultural.

Um movimento social formado a partir do magistério ou a partir da ação coletiva dos atores do processo educacional deve não somente mobilizar interesses e vontades, mas também buscar a confluência de processos de construção de propostas alternativas que visem a construção de uma nova nação que anule os modelos hegemônicos de país impostos pelo grande capital e pelas classes dominantes. Em resumo, trata-se de analisar os processos e fenômenos sociais através de um olhar holístico, aceitando a proposta elaborada no documento-base, com o intuito de construir políticas de ação em longo prazo.

III. A Conflitividade Educacional na Colômbia

No estudo de Gentili e Suárez, enfatizam-se apenas os dados quantitativos das análises; no entanto, o grupo considera relevante a incorporação de aspectos qualitativos que, ao serem analisados, especificamente no caso da Colômbia, poderiam fornecer especificidades sobre o conflito social e educacional.

Não se pode negar o fato de que no contexto dos conflitos gerais das sociedades, os conflitos que se dão entre os educadores e o Estado vem assumindo uma posição de destaque. Entretanto, é preciso descentralizar esse conflito para torná-lo parte dos problemas que a sociedade tem enfrentado em um sentido mais geral, ou seja, é preciso fazer do "problema da educação" um problema da sociedade em geral, tornando-o parte de sua agenda de reivindicações e sem limitá-lo às reivindicações trabalhistas dos educadores. É necessário que a luta pela educação esteja efetivamente inserida no contexto dos interesses gerais da sociedade, em sua luta por um sistema político democrático e um regime econômico que permitam a eqüidade para os cidadãos e cidadãs, e ainda, no âmbito educacional, que a defesa dos direitos da comunidade educacional inclua não apenas os educadores, mas todos os estudantes e pais de família.

Para a compreensão dos conflitos educacionais presentes na sociedade colombiana, por exemplo, é indispensável considerar a situação de violência que se vive no país, e que não apenas é um obstáculo para o trabalho do professor como também impede e nega esse trabalho. Os educadores já não são apenas cifras para o registro de paralisações e greves, mas são também números que se somam à imensidão de exilados pela violência, ou mortos por ela, o que nega não apenas o direito à educação, mas também o direito à própria vida.

A partir da Constituição de 1991, propôs-se colocar em vigor e execução na Colômbia algumas mudanças institucionais que representaram elementos progressivos em matéria de educação para o país.[7] Segundo a opinião de alguns dos participantes da discussão, a Constituição de 1991 expressa o esforço que vinha sendo feito há alguns anos antes da assembléia constituinte por diferentes setores, no sentido de conferir-lhe um caráter não somente magisterial,[8] mas que representasse a defesa da educação como direito e não como serviço, em prol de seu caráter público e obrigatório, de sua eficiência e racionalização, em oposição aos cortes no orçamento, pela definição de conteúdos, pelas formas de avaliação, pelo desenvolvimento da ciência e da pesquisa, e o apoio e reconhecimento dos projetos alternativos. Entretanto, outras posições sobre este mesmo ponto defendem que a Constituição de 1991, muito longe de ser um evento progressista a favor da coletividade social, foi na verdade uma grande conquista do neoliberalismo no país.[9]

A primeira mudança introduzida pela Constituição de 1991 que devemos destacar talvez seja a definição da Colômbia como um Estado Social de Direito. Apesar de todos os debates gerados pela questão, não seria justo afirmar que esta definição só existe no papel. Esta posição é defendida pelo debate no qual alguns afirmam que esta mudança possibilita a defesa do paradigma do Estado Benfeitor que tem sido tão fortemente desmontado pelo modelo neoliberal.[10]

---

7. A esse respeito, ver "*El Derecho a la Educación en Colombia. Informe de la Redatora Especial de Naciones Unidas Katarina Tomasevski*" em *www.foro-latino.org*.

8. Para FECODE, a discussão introduzida pela Constituição de 1991 contém antecedentes que remontam à reforma de 1979 e que determinam a conformação de grupos de debate que vão encontrar uma década mais tarde a oportunidade de registrar suas opiniões de forma constitucional.

9. Posição defendida pelo professor Carlos Julio Giraldo.

10. "A definição da Colômbia como um Estado Social de Direito, unitário, descentralizado, com autonomia das entidades territoriais, democrático, participativo e pluralista, fun-

Em um âmbito profundamente marcado pela guerra, a defesa do Estado Social de Direito é um assunto estreitamente relacionado à defesa do direito à educação empreendida por professores e professoras e, portanto, também relacionado aos conflitos educacionais. Para entender o porquê desta estreita relação, é preciso observar, por exemplo, como o atual governo de Álvaro Uribe Vélez prioriza um projeto de guerra que negligencia a política social, afetando não somente a educação e a visão do Estado sobre esta, como também a concepção democrática de cidadania, uma questão que vem sendo discutida pelos sindicatos e também pelos setores sociais mais amplos.

O acordo[11] firmado a partir de 1991 em matéria de política educacional, mesmo estando atualmente apenas no papel, é considerado valioso pela maioria dos membros do Grupo FLAPE-Colômbia. Os mesmos ressaltam que diferentes governos compartilharam a responsabilidade pelo desenvolvimento das conquistas constitucionais, mas que na atualidade, com o governo do Presidente Uribe, não existe nenhuma intenção de acordo, o que ilustra o caráter cíclico do conflito assinalado no Documento-base, pois novamente faz-se necessário defender as reformas realizadas pela Constituição diante da "contra-reforma" implementada pelo governo de Uribe através das modificações que paulatinamente vêm tentando introduzir, e em alguns casos com sucesso.[12]

Alguns participantes assinalam que as pessoas apostam na educação como algo mais do que uma atividade localizada na escola — sendo entendida neste caso como um espaço físico determinado — como conseqüência da existência de cenários rurais e urbanos profundamente marcados pela guerra, e que estas reconhecem a existência de outros espaços educacionais e de participação nos quais se aposta na

---

damentado no respeito à dignidade humana e nos princípios e valores da modernidade. Esta definição, que tem origem na doutrina dos direitos humanos — segundo a qual todos os homens e mulheres, sem distinção, isto é, por sua natureza humana, têm direitos fundamentais que são inalienáveis, inerentes e essenciais à pessoa — implica no plano do direito público, que o Estado não apenas tem como finalidade garantir a segurança jurídica dos associados e administrar justiça, como também promover o bem-estar social geral e a participação democrática". Em: Rodrigues, Abel. "La Educación Después de la Constitución del 91. De la reforma a la contrareforma". Cooperativa Editorial Magistério, Bogotá, 2002, p. 22.

11. Para FECODE, a Reforma Educacional e o Plano Decenal de Educação são exemplos de acordo.

12. Especialmente a Lei n. 715 e o Ato Legislativo n. 1 de 2001, que modifica o regime de financiamento da Educação Pública Estatal.

construção da democracia. A educação como preocupação, portanto, transcende os muros da instituição escolar e da ação sindical magisterial, transformando-se em um assunto mais amplo que envolve a todos os cidadãos e cidadãs.

IV. O Movimento Pedagógico Nacional

Não se pode deixar de fazer menção ao Movimento Pedagógico Nacional, uma importante contribuição particular à experiência colombiana, e que na visão dos membros traz questionamentos relacionados à principal tese do documento.

A idéia de conflito apresentada no texto, pelo que dele se pôde compreender, fundamenta-se principalmente na ação coletiva dos movimentos sociais — os protestos sociais — mais do que em outros aspectos "conflitivos" relacionados à educação. E esta discussão proposta pela pesquisa, a questão do sindicalismo docente como movimento social, é mais do que pertinente ao caso colombiano, uma vez que na Colômbia vemos um ataque governamental contra o sindicalismo em todos os setores, e um silêncio por parte de sua sociedade que esquece a transcendência do sindicalismo, da mobilização social e do protesto cidadão, como os contrapesos necessários para a construção e a consolidação da democracia.

> "A partir de um olhar retrospectivo sobre a Colômbia que retorna até o fim dos anos 70, podemos ver que o magistério organizado no que se conheceu como Movimento Pedagógico conseguiu liderar mobilizações contra a imposição de modelos educacionais e pedagógicos próprios da lógica tecnocrática, a partir de onde se enaltecia a tecnologia educacional e se operacionalizava na escola o condutismo. O professor entendeu que seu papel não poderia ser reduzido ao de um mero operário, destinado a colocar em ação o dispositivo, a produção de seres humanos instruídos para o trabalho e a obediência, e concebidos como capital humano".[13]

---

13. Herrera, Martha Cecília. Ruiz Silva, Alexander "La identidad del Magisterio: entre la lógica tecnocrática y la búsqueda de un proyecto político e cultural democrático". Em: *Lecciones y Lecturas de Educación*. Mestrado em Educação. Universidade Pedagógica Nacional, 1. ed., 2003, p. 99.

Esta compreensão foi interiorizada entre outras organizações pela FECODE (Federação Colombiana de Educadores), uma das organizações sindicais do magistério nacional. Como fruto de sua participação no Movimento Pedagógico, a FECODE complementou o discurso sindical, até então centralizado em reivindicações trabalhistas, com preocupações de cunho social e pedagógico, manifestando a necessidade de fortalecer os processos de profissionalização do professor.

No ano de 1991, esta preocupação conquista um papel inquestionavelmente central quando, em meio à reforma constitucional, o Movimento Pedagógico terá a oportunidade de concretizar algumas de suas propostas que certamente contrastarão com toda a política neoliberal que o governo implementa de maneira mais agressiva por volta de fins dos anos 1980 e início dos anos 1990.

> "O tema da educação continuou sendo decisivo na elaboração da Carta de 1991, tão forte será a presença do educacional na nova Carta Política que reconhecidos especialistas em legislação chegaram a qualificá-la como uma Constituição Educacional".[14]
>
> "Este acordo permitiu a coordenação das críticas que se levantavam contra as decisões governamentais a partir de diferentes perspectivas políticas e acadêmicas em assuntos educacionais (...) especialmente com o ambicioso projeto mundial de controle e usufruto do mercado educacional mediante a combinação da tecnologia dos satélites e das técnicas de condução de adestramento (...) O obstáculo que os professores representavam seria superado através de sua destituição da tarefa de ensinar".[15]

A conquista mais importante para a mobilização, e certamente para os sindicatos que a formavam, talvez tenha sido a consagração da educação como um direito fundamental que mantém uma estreita relação com o estabelecimento do Estado Social de Direito, além da implementação do ensino bilíngüe nas comunidades com tradições lingüísticas próprias, a reafirmação da liberdade do ensino, as liberdades de aprendizagem, cátedra e pesquisa, a obrigatoriedade do estudo da Constituição e a instrução cívica, assim como o fomento de

---

14. Op. cit. Rodríguez, p. 14.
15. Ibid, p. 15.

práticas democráticas para a aprendizagem dos princípios e valores da participação cidadã, em todas as instituições de educação, oficiais ou privadas.

"Na constituição de 1991, um pouco mais de trinta artigos se ocupam total ou parcialmente da educação ou dos assuntos correlativos a ela. Ao longo desse extenso texto, encontram-se prescrições sobre as liberdades relativas ao exercício educacional, o direito à educação, o caráter do serviço educacional, as finalidades da educação, a obrigatoriedade e gratuidade, os direitos fundamentais das crianças e dos adolescentes e as incumbências e deveres do Estado".[16]

Dez anos após a promulgação do estatuto constitucional de 1991, novas e diferentes leis[17] regulamentaram e desenvolveram uma parte deste novo constitucionalismo, e da mesma forma foram concebidos e executados quatro planos setoriais de desenvolvimento educacional, incluindo o Plano Decenal de educação 1996-2005.

"Logicamente, as novas regulamentações e planos de desenvolvimento citados não poderiam dar conta de todos os alcances e possibilidades do novo constitucionalismo educacional; mesmo assim são elementos suficientes para julgar a vontade e o compromisso dos círculos governamentais com a nova institucionalidade educacional".[18]

Neste caso, a luta sindical influenciada pelo Movimento Pedagógico assume um caráter estrutural, e talvez seja este um dos pontos de discordância em relação ao texto de Gentili Suárez. É claro que continua havendo um "ciclo de protestos" relacionado às reivindicações mais conjunturais, mas a participação dos sindicatos no processo constituinte nos impede de pensar que exista um olhar parcial sobre a política pública educacional.

---

16. Ibid, p. 31.

17. Tais como a Lei nº 115, de 1994, a Lei nº 30, de 1992 a Lei nº 60, de 1993 e a Lei nº 715, de 2001, revogação da Lei nº 60.

18. Op. cit., Rodríguez, p. 10.

A participação sindical na proposta estatal que vem acontecendo desde 1991 evidencia uma das afirmações dos autores, quando reconhecem que as identidades e fundamentos dos sindicatos e dos professores são constituídos em meio ao conflito. Entretanto, é importante assinalar que o Estado também se inclui nessa lógica: ou seja, com a participação do sindicato através do Movimento Pedagógico Nacional, na Constituição de 1991, este fez parte do projeto de Estado almejado para toda a nação.

V. Os atuais Governos Locais

Outro aspecto que chamou a atenção dos participantes nas sessões de discussão refere-se ao modo como o contexto internacional intervém nos conflitos educacionais, ao ponto deste ser abordado como um tema de pesquisa central da FLAPE, a qual deveria realizar exercícios mais concretos em cada um dos países membros a fim de recolher dados sobre neoliberalismo e globalização relacionados às políticas educacionais. No caso da Colômbia, o tema está estritamente relacionado à governabilidade e à conflitividade educacional.

Os resultados das eleições para prefeituras e governos, realizadas no final do ano passado, foram uma grande surpresa, pois revelaram que em algumas cidades importantes como Bogotá, Medelín, Pasto e Cali, entre outras, os candidatos que ganharam tinham propostas não "uribistas" — contrárias ao governo de Uribe — que personificam de alguma maneira formas políticas diferentes ou alternativas que se consideram mais participativas e democráticas que as do atual governo central. Estes fatos geraram uma importante tensão entre os governos locais e o governo nacional, levantando várias questões sobre a construção da governabilidade, da legitimidade e da hegemonia.

Uma das primeiras evidências dessa situação é revelada pelo processo de resistência existente em alguns governos locais, que passam a ter a responsabilidade e a possibilidade de elaborar políticas públicas educacionais mais democráticas, independentemente dos acordos que ainda existam com as políticas neoliberais em nível nacional. Este processo ocorrerá não apenas com o apoio dos sindicatos, mas também por intermédio da recuperação do exercício de acordo de planos de desenvolvimento com setores sociais agrupados e representados de outras formas, e que no campo educacional podem ser representados pela Cátedra Permanente de Pedagogia: Bogotá uma Grande Escola, pela Expedição Pedagógica Nacional e pela Mobilização Social pela Defesa da Educação.

Em relação ao que apresentam Gentili e Suárez, podemos dizer que, no contexto específico da Colômbia, a conflitividade educacional apresenta outros matizes. Vemos que o confronto entre sindicatos e Estado se altera, por exemplo, quando alguns líderes sindicais ganham eleições para participar no Conselho de Bogotá, assunto que para alguns setores do sindicalismo tradicional foi entendido como uma espécie de heresia. Uma outra situação análoga é a nomeação do atual Secretário de Educação Distrital, líder sindical por muitos anos. Tais circunstâncias demonstram como "o sindical" está em uma relação diferente com o político "institucional". Há um ano, quando a Secretaria de Educação estava nas mãos da atual Ministra da Educação, a posição do sindicato era de rejeição. Hoje, o cenário é outro e a posição é de apoio para fortalecer a instituição educacional pública.

A postura do sindicato para com a atual Secretaria de Educação Distrital vem assumindo um comprometimento tal, a ponto de questionar-se a efetividade dos tradicionais métodos de protesto, com a afirmação de que nenhuma greve ou paralisação teria lhes permitido ter um governo local (Prefeitura de Bogotá) e uma Secretaria de Educação como estas. Esta idéia neutraliza a sensação de "fracasso" que poderia surgir após as paralisações indefinidas que não deram grandes resultados contra um governo tão intransigente como o de Álvaro Uribe.

Portanto, a Conflitividade Educacional entendida como propõem os autores do Documento-base, relaciona-se diretamente às formas de organização social e também, como demonstramos, às novas formas de confronto, muitas das quais não aparecem registradas nos diários oficiais e que, portanto, são muito difíceis de medir através da metodologia proposta. Os exemplos anteriores nos levam a reconhecer que, mesmo que o confronto seja setorial, este não deixa de se enquadrar na luta pelas hegemonias, um terreno no qual, de fato, sempre esteve.

VI. O conflito

Com o cuidado de não estarmos discutindo algo não abordado pelo documento, gostaríamos de destacar que a noção de conflito foi um dos pontos que suscitou maior discussão, pois o texto não revela claramente como o conflito educacional é entendido. A pergunta que deu início à discussão do documento foi a seguinte: o conflito docente pode ser comparado ao conflito educacional?

Na opinião de alguns, o conflito educacional assumido pelos autores não considera outras expressões diferentes das meramente reivindicativas da proposta sindical do magistério, e que para o caso da Colômbia são significativas. A complexidade do cenário escolar, por exemplo, — que na Colômbia é fortemente afetado pelo contexto da violência — faz com que nele se gerem conflitos diferentes dos meramente sindicais, nos quais participam outros atores educacionais. Nesse sentido, a Escola não é entendida unicamente como uma instituição, mas também como um *acontecimento*, ou seja, um cenário no qual confluem múltiplas pressões em uma época determinada, que a tornam altamente vulnerável a mudanças precipitadas geradas pelas tensões dos atores que nele se desenvolvem.

Entender o conflito como um cenário de transformação e definição de identidades faz da construção da identidade magisterial algo que ocorre a partir da tensão entre as políticas educacionais unidirecionais do estado e um discurso a partir da resistência cultural derivado do discurso pedagógico, por meio do qual se busca a definição e a consolidação de políticas educacionais que buscam a democratização do cenário escolar.

A relação que se dá nesse contexto conduz aos seguintes questionamentos: Como entender o conflito na escola, sendo esta última um espaço de relações micropolíticas? E ainda, como se constroem sujeitos no espaço educacional em meio ao conflito? Portanto, se queremos compreender melhor e mais amplamente a conflitividade educacional, precisamos dirigir nosso olhar para o interior da escola e para aquilo que representa o "pedagógico".

Comentários de Hugo Díaz Díaz

Foro Educativo (Lima)

O artigo "Conflitos Educacionais na América Latina", elaborado por Pablo Gentili e Daniel Suárez, apresenta uma sugestiva visão das mudanças ocorridas na região em matéria de reformas educacionais e como estas se relacionam aos níveis e formas de conflitos no setor educacional.

O documento citado descreve características nas quais enquadra-se também o caso do Peru. Os maiores níveis de conflitividade, de fato, estão entre o governo e o principal sindicato de educadores, o SUTEP — representante do magistério estatal —, e sua motivação principal são os baixos salários. Por seu elevado número de filiados, o SUTEP tem crescido em importância na luta social dos trabalhadores. Atualmente, um de seus representantes é o segundo no comando da Central Geral de Trabalhadores do Peru — CGTP.

Não deixam com isso de existir outras frentes de luta, que são: o Sindicato Único de Trabalhadores de Centros Educacionais (SUTACE), o Sindicato de Docentes de Institutos Superiores Tecnológicos (SIDEST) e a CITE, que representa os trabalhadores administrativos do setor. Todos estes também lutam por reivindicações salariais. No campo da educação superior universitária, os representantes da Assembléia de Reitores, em conjunto com professores e estudantes universitários, pressionam o estado em busca de maiores financiamentos. Os representantes da educação privada também formam outra frente de luta, que constantemente reclama por normas que possam oferecer maior liberdade de trabalho e menos interferência por parte da burocracia administrativa. Também se unem a estes os milhares de estudantes da carreira pedagógica que terminam seus estudos e não encontram trabalho. Estima-se que o sistema educacional está produzindo entre oito e dez mil formados em educação, mais do que se necessita em relação ao crescimento das matrículas e à substituição de professores aposentados.

Também é preciso levar em conta o permanente conflito existente no interior dos centros educacionais entre as Associações de Pais de Família e diretores, ocasionado em parte pela deficiente legislação que, ao tratar deste tema, acaba reduzindo a autoridade do diretor na gestão geral da escola.

As leis trabalhistas — que em muito favorecem ao empregador — e uma queda na oferta de trabalho para professores de setor privado, têm reflexos diretos sobre a ação dos professores deste setor, levando-os a buscarem fundamentalmente a preservação de seus cargos, antes de pensarem em considerações de caráter reivindicativo. Parte deste professorado recebe salários menores que os do setor público, não tem melhora de seus salários há sete ou oito anos, além de não possuir estabilidade trabalhista, pois são contratados com contratos de prazo fixo e sem nenhum benefício social — uma situação contrária ao que se espera como fruto de um conflito manifesto. Se em alguns momentos houve colégios que tinham sindicatos, estes acabaram desaparecendo.

A história da conflitividade na década passada e o que atualmente vemos em termos de conflitos revelam uma clara relação entre atuação sindical e estilos de governo. Governos autoritários que tiveram respaldo popular por um momento mostram uma atuação sindical mais passiva, enquanto governos que em seu exercício tiveram maior respeito às regras democráticas de jogo, mas com fraca imagem popular, foram marcados por atuações mais fortes e diretas.

Durante a ditadura de Alberto Fujimori, por exemplo, não se registrou nenhuma paralisação relevante. Somente em 1990, antes da dissolução do Congresso da República, uma greve de professores fez com que o ano escolar tivesse apenas 2/3 do que é estabelecido por lei. Em 1991, uma nova greve durou 109 dias, o que somado ao adiamento do início das aulas por conta de uma epidemia de cólera, fez com a maioria das escolas públicas tivesse um ano escolar reduzido a apenas

44% das semanas de aula. No melhor dos casos, a solução foi prorrogar o ano escolar por mais um mês, somando um período de 6 meses escolares para a maioria dos alunos. Não apenas os alunos foram afetados por esta situação, mas também o próprio magistério sofreu um notável desgaste em sua imagem social, pois muitos alunos de escolas públicas migraram para escolas particulares, o sindicato não conseguiu alcançar seus objetivos de aumento salarial e, além disso, os professores grevistas foram descontados por seus dias não trabalhados.

Essa experiência grevista, somada ao estilo de governo autoritário do regime, contribuiu para que o sindicato magisterial tivesse um desempenho baixo ao longo dos anos seguintes, realizando paralisações de apenas 24 a 48 horas. Mesmo tendo conseguido aumento de suas remunerações, este logo foi absorvido pela inflação e o poder aquisitivo dos professores continuou caindo. Isto refletia em grande medida o fato dos flutuantes recursos públicos destinados ao setor não crescerem em termos reais, enquanto o ingresso de alunos e o número de professores cresciam progressivamente. Desta forma, observou-se a paulatina deterioração do gasto por aluno e da renda real dos cada vez mais numerosos professores. Somente no final da década de 90, os salários dos professores começaram a se recuperar; contudo, eram ainda a metade do que haviam sido no início dos anos setenta.

Somente no final de 2000, com o retorno dos governos democráticos, essa situação começa a mudar. O SUTEP recupera seu dinamismo e sua presença na esfera sindical. O Ministro da Educação do então governo transitório presidido por Valentin Paniagua encarregou-se de restabelecer as relações com o sindicato, que começa a participar de diversos processos de carreira magisterial, por exemplo, tendo representantes como membros das comissões de avaliação nos concursos de nomeação de professores. Além disso, o secretário-geral do SUTEP é designado como membro da Comissão para um Acordo Nacional pela Educação. Todas essas ações representaram o surgimento de um progresso ao qual os diretores sindicalistas já estavam desacostumados.

No entanto, o processo de diálogo que então estava nascendo entre o governo e o sindicato não foi fácil. A administração havia perdido o costume de alternar e negociar com representantes do sindicato muito mais treinados e acostumados à atuação em conflitos. Além disso, o governo geralmente atua com improvisação frente ao nascimento de um novo conflito, pois não prevê medidas que poderiam evitá-lo. Quando as paralisações e greves são eminentes é que se pensa em como enfrentá-las, o que representava uma desvantagem. Soma-se a isso o fato de vários direitos dos professores estabelecidos na Lei do Professorado sejam apenas pró-forma, ou seja, nunca foram aplicados efetivamente, como o caso, por exemplo, das elevações de nível no plano de carreira ou dos pagamentos por conceito de preparação de aulas.

No ano de 2003, quando o governo começava a mostrar fortes quedas nos índices de aceitação popular, o SUTEP empreendeu sua mais longa greve desde 1991. Somaram-se a esta outros sindicatos de educação, os pais de família e até mesmo presidentes de governos regionais e diretores regionais de educação, em sua maioria afins a grupos políticos de oposição. Contudo, à medida que um conflito se prolonga, o apoio popular tende a diminuir, assim como as expectativas por parte dos professores. Como em outras ocasiões, quem sofre as piores conseqüências são as crianças das áreas rurais e zonas de fronteira, onde o ano escolar começa tarde e há um alto número de ausência de professores.

Será necessário aguardar o que as estatísticas mostrarão. Se estas estiverem de acordo com a experiência do início dos anos noventa, então essa greve trará graves repercussões no aumento do abandono escolar, no número de alunos reprovados em três ou mais matérias, na repetição de série, além de uma enorme queda no nível de formação dos alunos do ensino médio. Precisamos reconhecer que as greves do magistério, ao longo do tempo, produzem um impacto maior no empobrecimento da classe mais necessitada e pobre do país, pois enquanto as escolas públicas param, os colégios privados continuam funcionando. Cada dia de paralisação de professores significa milhões de horas de aula perdidas, horas que em geral não conseguem ser recuperadas.

O Ministério da Educação ainda apresenta outras desvantagens que dificultam a solução de conflitos com o sindicato. Uma delas é o compromisso político assumido pelo Presidente da República durante sua campanha presidencial, e que dificilmente poderá ser cumprido: a duplicação do salário de julho de 2001 do magistério estatal até 2006. Três anos já se passaram e faltam apenas dois anos para o fim deste prazo, e o nível de alcance da meta é de apenas 35%.

Outro problema enfrentado pelo governo é a crítica que lhe fazem quanto a sua ineficiência na execução do orçamento da educação. Os responsáveis pela destinação de recursos parecem não discordar do fato de que no setor educacional não se gasta todo o orçamento que lhe é destinado, e o investimento feito é ineficiente. Estes estão convencidos de que 84% do que se gasta com pagamento de planilhas e pensões dentro do orçamento total poderia ser reduzido se o Ministério da Educação realizasse uma profunda racionalização da carga docente, um melhor controle dos pagamentos do professorado em função de seus níveis de freqüência e pontualidade, e seria ainda melhor se os aumentos salariais fossem articulados aos resultados educacionais que os professores obtêm com seus alunos. Isso nos mostra que a resistência dos responsáveis pela economia a outorgar aumentos indiscriminados aos professores começa a crescer. Também tem crescido o apoio a essa tese por parte de um setor importante dos meios de comunicação e de setores importantes do pensamento educacional no país.

Na esfera sindical, os problemas estão relacionados às lideranças. A escassa renovação de líderes começou a afetar a unidade que havia sido conquistada no início dos anos setenta. Atualmente, as rédeas do poder estão nas mãos de um único grupo — Pátria Roja —, apesar de existirem professores com diferentes ideologias políticas na direção sindical. No citado grupo, alguns dos dirigentes sindicais dos anos setenta continuam orientando as manobras da luta sindical. Os demais grupos são apenas uma "fachada" para uma direção sindical que pretende se mostrar como plural. O acesso aos cargos de direção é até possível para as novas gerações; no entanto, sua presença é bastante limitada pela presença dos "líderes históricos". Por este motivo, o aparecimento de sinais evidentes de fracionamento no interior do sindicato não é algo que deva nos surpreender, uma vez que já surgiram duas facções, ainda minoritárias, mas que poderiam representar uma ameaça para a direção sindical caso esta não mude suas estratégias de atuação.

Essa ausência de renovação do sindicato talvez explique as poucas alterações sofridas pela estratégia geral de sua atuação. Após um período de presença passiva ao longo dos anos 1990, esperava-se que o sindicato amadurecesse, agindo com mais flexibilidade e realismo em suas reivindicações com o fim de obter maiores possibilidades de sucesso. Na opinião de muitos especialistas da área magisterial, os progressos da direção sindical foram escassos. Para que o governo considere seriamente as reivindicações por parte do sindicato, é preciso haver mudanças em suas posturas. No campo econômico, por exemplo, cada vez é mais desejável que a direção sindical conte entre seus membros com pessoas que tenham amplos conhecimentos sobre economia, deixando de lado outras exigências freqüentemente inalcançáveis ou demagógicas que só tornam o diálogo com o governo ainda mais difícil e impraticável.

Entretanto, o aspecto que mais requer uma renovação da atitude sindical diz respeito ao apoio à modernização dos enfoques de gestão do sistema educacional e às iniciativas de melhoria de qualidade. Ainda hoje, os sindicatos resistem claramente a se adequarem a esquemas de modernização da carreira docente que fortaleçam a autoridade dos diretores de centros educacionais e que atendam as crescentes demandas de avaliação e prestação de contas, assim como de tratamento diferenciado das remunerações em função do desempenho trabalhista. Como é de se supor, estas ações não convêm aos interesses dos sindicatos; ao contrário, o que a direção sindical quer é assumir papéis que extrapolem sua finalidade ao exigirem em sua lista de demandas que o governo ceda em muitos aspectos da gestão educacional. Opõem-se ao excesso de professores quando a carga docente é baixa; solicitam que o Ministério da Educação recomende que a administração realize convênios para que o SUTEP realize a capacitação de professores; exigem sua participação na revisão dos alcances do Decreto Legislativo nº 882, Lei de Promoção e Investimento Privado em Educação; e questionam até mesmo o funcionamento de escolas como as da rede Fé e Alegria.

Defender os produtores de coca, exigir o encurtamento do período presidencial e a esgotada argumentação de que os males do país são culpa do FMI e dos organismos internacionais são ações que devem causar preocupação ao professorado, pois demonstram que a conflitividade entre o sindicato e o governo tem excedido o campo de interesses próprios dos professores. Além disso, a mensagem por elas transmitida revela uma diretoria sindical que pretende dar mais força ao "político" do que ao próprio "sindical".

Nessa luta pelo poder, há ainda outro elemento de conflito presente no sindicato e que não pode ser ignorado: a *Derrama Nacional*, uma organização que sustenta suas atividades com contribuições do magistério estatal e que tem experimentado um forte crescimento de seus ativos, tendo se transformado em uma poderosa entidade financeira. A direção do SUTEP possui forte presença na definição de suas políticas e na orientação de suas atividades, tanto que, em alguns momentos, as autoridades do governo desejaram promover uma intervenção na entidade, buscando, dessa forma, debilitar a força da diretoria magisterial.

Concluímos, assim, afirmando que os níveis de conflitividade no setor educacional não parecem dar mostras de redução. Para tal situação, uma solução seria a iniciativa do governo e do sindicato de promoverem uma prática de conciliação, da qual participe um grupo de personalidades que entrem em acordo sobre as condições de negociação de uma plataforma mínima de compromissos que cada parte deve assumir no futuro. Nesse propósito, o perfil dos conciliadores é questão-chave: pessoas imparciais, objetivas, realistas, justas, que não vejam nessa situação uma oportunidade de lucros políticos, são características que devem existir dos dois lados.

Este mecanismo possibilitaria maiores condições de se darem passos firmes na direção do estabelecimento de um cronograma que permita uma melhoria nos salários dos professores dentro das reais possibilidades do país. Ninguém deseja simplesmente uma oferta presidencial de duplicação de salários que não pode ser cumprida. O mais importante, contudo, é que a partir desta conciliação o magistério possa se comprometer em sua contribuição para a melhoria da qualidade da educação peruana.

Já é hora da direção do SUTEP começar a mudar de atitude, dando lugar a líderes renovados, em dia com seu tempo, tal como têm feito há vários anos outros sindicatos de educadores da América Latina. Não podemos negar o fato de que estes líderes exerceram um papel importante nas lutas reivindicativas do magistério público, mas o fato é que hoje se transformaram em um obstáculo para o encontro de soluções. Defender a estabilidade irrestrita dos professores, impedir a aplicação de medidas de melhor uso do recurso docente, exigir nomeações além das necessidades do sistema ou defender a causa de muitos professores que não têm condições de exercer a docência, não fazem outra coisa além de dificultar uma saída mais rápida e garantida para os baixos salários do professorado.

Comentários de Rodolfo Ramírez Raymundo

Observatorio Ciudadano de la Educación (México-DF)

O debate "Conflitos educacionais na América Latina" proposto pelo *Fórum Latino-americano de Políticas Educacionais* certamente é de grande relevância, e há várias razões que justificam seu destaque no cenário educacional.

Podemos afirmar, por exemplo, que o conflito é consubstancial às relações sociais e está presente na dinâmica de todos os tipos de organizações. Entretanto, e ao mesmo tempo, a estabilidade e a paz interna (que não supõe uma ausência de conflitos, mas apenas seu direcionamento institucional) são condições para que as organizações alcancem seus propósitos e, no caso dos sistemas educacionais, cumpram com sua missão de assegurar o direito a uma educação para todos.

Quando seus resultados se traduzem em reformas de regras, mecanismos de funcionamento ou em uma reformulação de suas relações com a sociedade *maior*, os conflitos podem até mesmo constituir uma fonte de atualização e inclusive de revitalização das organizações. Se, no entanto, persistem e se generalizam tornando-se mais críticos, podem afetar severamente o cumprimento da missão destas mesmas instituições, abrindo espaço para o questionamento de sua funcionalidade social. Em casos extremos, podem chegar a provocar até mesmo sua crise e colapso.

Em meio a um cenário de intensa conflitividade, é inevitável que os propósitos substanciais dos sistemas educacionais passem para segundo ou terceiro plano, uma vez que os protagonistas do sistema divididos entre as administrações nacionais e locais, e os professores e suas organizações, concentram suas energias e seus recursos de ação na solução de problemas imediatos.

Nesse sentido, o estudo realizado por Gentili, Suárez e colaboradores(as) é valioso, pois nos oferece uma relevante reflexão em um momento no qual está sendo reavaliada a eficácia das reformas educacionais implementadas desde o início da última década do século. E o tema "conflitividade" não pode ficar alheio à avaliação dessas reformas.

Por intermédio da leitura do texto-base desta discussão, é possível perceber, em primeiro lugar, a importância dada aos conflitos como fatos cuja presença inevitavelmente influencia o desenvolvimento das políticas de reforma, uma questão que já é valiosa por si só, pois freqüentemente o planejamento destas reformas concentra-se fortemente no aspecto técnico, omitindo a consideração sobre as fontes de conflito e o estabelecimento de mecanismos para seu processamento. Considera-se que o surgimento e o desenvolvimento dos conflitos podem ser assimilados pela "dinâmica natural" dos sistemas ou que, dadas certas condições dificilmente alteráveis (situação econômica ou política), os conflitos prolongados são inevitáveis. O lema parece ser "as reformas fazem o que podem...".

O segundo aspecto destacado pelo texto é a análise das características dos conflitos, ressaltando sua localização no sistema público, sua recorrência, seu caráter cíclico e sua forte orientação a reivindicações básicas de condições de contratação e melhorias salariais. Fica claramente estabelecido que, em geral, há um alto nível de conflitos entre sindicatos docentes e administrações nacionais e, em alguns casos, regionais.

Como afirmam seus autores, o relatório nos oferece "uma visão de conjunto que pode contribuir para a reflexão crítica e rigorosa". Entretanto, há algumas limitações de ordem técnica sobre o tratamento da informação, principalmente no que diz respeito às idéias que surgem na conclusão do documento. Mesmo que estas idéias possam estar sustentadas sobre outras bases, estas não se fundamentam na análise da informação obtida. Assim, identifico abaixo os que, em minha opinião, são os principais problemas relacionados ao texto-base com o propósito de contribuir para a reflexão sobre o tema e o desenvolvimento da segunda etapa do projeto, acrescentando algumas reflexões sobre estes:

1. O tema global do projeto são os conflitos educacionais na América Latina; entretanto, o objetivo concreto do estudo foi o de "mapear e compilar as principais estratégias de protesto docente ocorridas em 18 países da América Latina", durante o período de 1998 a 2003, perfazendo um total de 1.825 dias. Apesar desta delimitação do tema (estudo das ações reivindicativas do magistério) ser necessária diante da dimensão do objeto de estudo, eu não compreendo que correspondência há entre tal delimitação e o conceito de conflitividade social construído para sua abordagem. Além disso, o título e o conceito construído anunciam outra coisa, diante do que me parece necessário especificar o conceito de modo que este seja mais útil para o estudo das lutas magisteriais, começando pela seleção da informação e incluindo também a questão do título do documento, que deve dar conta dessa delimitação.

2. Ao analisar os números correspondentes ao caso do México e outras partes do texto (como os protagonistas dos conflitos), deduzo que a informação recolhida e a análise estatística incluem os conflitos apresentados nas universidades e a participação do magistério em protestos sociais com objetivos mais gerais (contra a política de privatizações, por exemplo). Nesse sentido, creio que seria útil incorporar em primeiro lugar, dada a delimitação do estudo, apenas os conflitos protagonizados pelo magistério com demandas relativas aos sistemas educacionais, independentemente da participação do magistério em outras lutas sociais. Também seria importante separar a análise dos conflitos protagonizados por organizações ou movimentos de professores de educação básica dos conflitos universitários, o que nos daria uma visão mais fiel sobre os conflitos educacionais em cada país. No caso do México, por exemplo, entre 1998 e 2003 o sistema público de educação básica — que inclui o jardim, a pré-escola, o ensino fundamental e o médio — viveu um período de estabilidade caracterizado pela ausência de conflitos massivos (como os de 1979 ou 1989 protagonizados por milhares de professores/as de educação básica) que balançaram a estrutura administrativa e provocaram mudanças importantes na direção do Sindicato Nacional dos Trabalhadores da Educação. Os protestos magisteriais, quase sempre realizados no mês de maio, neste período foram protagonizados por grupos reduzidos pertencentes a

algumas seções sindicais. Contudo, o México aparece no estudo como o país que ocupa o terceiro lugar em número de dias em que houve ações de luta e protesto (978 dias no período, menos de um protesto por dia) e também com a maior média de duração dos conflitos (20,8), sendo superado apenas pelo Brasil e pela Argentina, como no futebol. Esta elevação na freqüência e na duração dos conflitos contrasta com a estabilidade na educação básica que mencionei. É possível que minha percepção possa estar equivocada, mas é muito provável que esses números e esse "nível de conflitividade" sejam resultado da soma de protestos em educação básica e superior. Por outro lado, também gostaria que o documento determinasse, por curiosidade, em que casos e como é medida a duração do conflito: a partir de sua preparação ou de sua manifestação pública?

3. A amplitude dos conflitos também é outra questão que não aparece no estudo: o número de pessoas envolvidas, as unidades ou regiões afetadas etc., e apenas desse modo poderíamos medir a conflitividade educacional em nossos países. Uma alta freqüência de conflitos sem a consideração de suas dimensões pode mostrar-nos, talvez, a capacidade de ação de alguns grupos políticos-sindicais, o que não significa necessariamente a existência de conflitos sociais em todo um país, enquanto uma greve geral de alguns poucos dias (um conflito) com várias demandas centrais pode, ao contrário, indicar que o sistema está em crise. Tomamos como exemplo mais uma vez o caso do México, que durante o período de estudo teve mobilizações em várias entidades federativas do país, algumas de meses de duração, mas — talvez com exceção de um caso — não podemos falar de conflitos generalizados nessas entidades e, muito menos, de conflitos nacionais. Suponho que a principal fonte de informação para a elaboração da cronologia e do mapeamento (a imprensa das capitais dos países) tornou possível a consideração dessa variável, mas considero necessário buscar instrumentos e fontes para construir, ao menos, dados aproximados sobre a amplitude dos conflitos, uma forma de aproximar o estudo de sua repercussão na sociedade e nos sistemas educacionais.

4. Por ser talvez a única via para o início de um amplo projeto de pesquisas dessa natureza, a escolha da imprensa nacional como fonte principal de informação revela-se muito útil, embora seja também uma escolha que limita os alcances do estudo. Esta limitação se dá porque, em primeiro lugar, a imprensa "nacional" é quase sempre metropolita-

na, não tendo, portanto, espaço para os pequenos conflitos locais. Muitos protestos se dirigem para a capital da república para poderem alcançar visibilidade, pelo menos no México, mas certamente há outros que permanecem confinados ao âmbito local. Apesar de concordar que a imprensa registra os principais conflitos, não posso deixar de questionar sua escolha, uma vez que esta realiza uma seleção dos conflitos ou organizações que merecem espaço, que chamam a atenção em função de seu público leitor, de suas orientações ideológicas ou interesses políticos. Além disso, a notícia jornalística constitui uma interpretação de quem a escreve. Seria conveniente que o documento nos explicasse as dificuldades enfrentadas no tratamento das informações e das decisões tomadas para sorteá-las na sistematização e interpretação, por exemplo, como determinar a demanda mais relevante, principalmente a partir de fontes consultadas, se geralmente as relações de exigências costumam envolver todo tipo de demandas e ter como pano de fundo algumas demandas sociais para darem cobertura às reivindicações sindicais. Da mesma forma, seria conveniente que o texto assinalasse esta característica do estudo (a fonte que utiliza) com maior clareza.

5. O último ponto a ser questionado é o das conclusões, nas quais percebo algumas contradições e afirmações que não encontram respaldo nas análises da informação:

a) Durante o período compreendido pelo estudo (1998-2003), a maioria dos países já havia implementado suas principais ações reformistas (descentralização, reformas curriculares e reformas de sistemas trabalhistas) e certamente ainda há outras ações em andamento. Embora afirme que "os resultados da cronologia da ação sindical docente que serão apresentados (...) estão longe de oferecer-nos um panorama completo e detalhado que justifique a criação e a multiplicação dos cenários de intensa conflitividade nas recentes reformas educacionais latino-americanas (...) entretanto, podem servir-nos como base para a formulação de hipóteses", o documento se contradiz ao apressar-se em apresentar conclusões contundentes: "... os dados apresentados nos alertam sobre a longa duração da conflitividade social que acompanhou as reformas educacionais implementadas na América Latina, desfazendo assim a idílica imagem de diálogo e acordo que, mesmo sendo evidentemente equivocada, alguns setores ainda hoje se esforçam em reafirmar". Ou ainda: "Tal como vimos no desenvolvimento deste trabalho, os processos de reforma coincidem com um aumento notável da conflitividade educacional, convertendo-a no principal protagonista da crescente conflitividade social na região. Cada vez com maior intensidade e mediante diferentes estratégias, os diversos atores do campo educacional, sobretudo os docentes sindicalizados, confrontam os governos através de uma permanente e cíclica luta para instalarem suas demandas e necessidades na agenda da política pública". Creio que a informação e o tratamento dado ao tema nos fornecem elementos sobre os quais basear a afirmação de que a conflitividade educacional é central, até mesmo o próprio estudo revela que a questão central continua sendo a luta por melhores condições de vida.

No caso do México, as principais ações de reforma que ocorreram a partir do Acordo Nacional para a Modernização da Educação Básica, assinado pelo governo federal, pelos governos estatais e pelo Sindicato Nacional dos Trabalhadores da Educação, não foram executadas em meio a protestos generalizados, com a exceção de alguns protestos isolados concentrados em demandas salariais e na implementação das medidas (federalização, descentralização, carreira magisterial, reformas curriculares, atualização docente). Talvez a ausência de conflitos visíveis não seja produto do "diálogo e do acordo" com os professores, mas sim com o *sindicato* (ou seja, com seus dirigentes), organização que exerce um forte controle corporativo com mecanismos muito complexos e refinados.

"(...) podemos reconhecer que a alta conflitividade que as acompanhou (as reformas democráticas), fez da institucionalidade democrática presente naquele contexto um elemento formal ou meramente decorativo. Reformas educacionais não-democráticas em um Estado de direito 'democrático', não são outra coisa senão mais uma evidência da profunda deterioração a que temos visto as instituições públicas (historicamente fracas) serem submetidas, em uma região dominada por governos conservadores e neoliberais". Esta segunda conclusão parece-me ainda mais exagerada quando levamos em consideração os dados do estudo.

b) Ao analisar os tipos de demandas, o documento informa que 79% delas são de ordem trabalhista e 28% estão relacionadas à política educacional (incluindo a demanda pela ampliação do orçamento, que também diz respeito às demandas trabalhistas), e assinala que "as demandas por aumento salarial estiveram em muitas ocasiões articuladas a reivindicações e questionamentos gerais contra a política educacional ou sistêmica. Evidentemente, as reivindicações de caráter trabalhista foram as mais freqüentes e abrangentes". No entanto, uma das conclusões assinala que "Não apenas o cenário educacional latino-americano, mas também o campo político-social em seu conjunto, encontram-se determinados pela emergência e pela prolongação de ações e manifestações desta conflitividade, explicitadas e protagonizadas em sua maior parte pelos sindicatos docentes e seus antagonistas, pelas equipes políticas de governo e pelos elencos técnico-burocráticos dos aparelhos estatais". E ainda: "os processos de reforma foram e são cenário de uma alta conflitividade, que teve e tem as organizações magisteriais como um de seus atores mais significativos. (...) Também é evidente que, em seus papéis de vítimas ou culpados, os sindicatos docentes exerceram um papel central nesse conflito". Creio que em lugar de destacarmos a dimensão das mobilizações magisteriais, seria mais conveniente nós formularmos o seguinte questionamento: por que o sindicalismo docente e os(as) professores(as), em particular, têm abandonado o que é fundamental, estando alheios à definição de políticas educacionais?

Como conclusão, gostaria de afirmar que, não obstante às observações anteriores, o estudo e o convite para a participação no fórum levaram-me às seguintes reflexões, que compartilho com vocês como fechamento deste artigo:

Uma das mais importantes fontes dos conflitos sociais, em sociedades como as nossas, nas quais a pobreza e a desigualdade são crescentes, tem sido historicamente a distribuição dos escassos recursos como empregos, renda e serviços sociais, incluindo os que estão presentes no sistema educacional. Da mesma forma, o estudo de Gentili e Suárez demonstra que a luta por melhores condições de contratação e melhores salários tem sido o principal motivo dos conflitos nos sistemas educacionais. As políticas econômicas, a tendência do gasto social e, em geral, da distribuição da renda na América Latina não oferece nenhuma esperança de que esta situação diminua como fonte de conflito. Para desatar este nó de conflitos, não basta a existência de mecanismos de negociação, é preciso haver recursos econômicos.

Os conflitos no interior do sistema educacional crescem a cada dia porque a essa fonte permanente de conflitos (a escassez de recursos) somam-se ainda os reflexos das mudanças implementadas pelas políticas de reforma dos sistemas, promovidas em muitos países da América Latina desde o princípio da última década do século XX. Talvez uma das questões mais importantes reveladas pela permanência dos conflitos é que as reformas que vêm sendo introduzidas nos sistemas educacionais (na macro-estrutura dos sistemas, na estrutura da educação básica ou nos planos e programas de estudo) partem, em geral, de um diagnóstico parcial da realidade educacional e das origens de seus problemas atuais. Nesses diagnósticos, não são consideradas com suficiente atenção a problemática magisterial nem a função das organizações sindicais nas novas formas de gestão dos sistemas educacionais.

Se por um lado propõem-se profundas transformações nos propósitos e conteúdos da educação básica, promovendo a implantação da necessária avaliação dos sistemas educacionais ou uma maior participação social, há condições e regras trabalhistas que, por outro lado, permanecem intocadas, e cuja transformação representa uma condição básica para assegurar a viabilidade das reformas. Esta falta de correspondência entre novas demandas institucionais e as condições dos sujeitos que devem satisfazê-las representa uma fonte de conflitos que se revela através dos diferentes níveis do sistema: desde os confrontos mais visíveis como as greves e protestos de ruas, passando pelas menos visíveis como tensões entre administradores nacionais e locais, até os conflitos cotidianos invisíveis que ocorrem nas escolas (tanto em seu interior quanto nas relações com seu entorno social imediato).

Os sistemas educacionais públicos foram envolvidos em uma espécie de armadilha: questionados e obrigados por dinâmicas globais e também por necessidades e exigências locais a melhorarem substancialmente seus resultados, dispõem de escassos recursos para garantir condições mínimas para seu funcionamento regular, entre os quais se encontra o enfoque institucional dos conflitos.

Considerando as mudanças educacionais e a conflitividade, destaco duas reflexões trazidas pelos autores e que representam uma necessidade e um desafio para aqueles que estão comprometidos com a luta pelas mudanças educacionais:

"A ausência de uma perspectiva global e holística que tenda a problematizar e articular as diversas dimensões envolvidas com a organização e gestão do exercício do ensino em instituições educacionais (...) parece ser uma limitação tanto da concepção, gestão e evolução das políticas educacionais que impulsionam os governos, quanto das respostas e reivindicações reclamadas pelo setor docente para seu desenvolvimento e/ou implementação (...) A construção de uma interpretação crítica dos processos de conflito educacional e docente facilitaria em muito a reflexão acerca das políticas e reformas educacionais implementadas nos recentes anos. Assim, uma teoria crítica do conflito educacional e docente poderia oferecer elementos-chave e portas de entrada ainda inexploradas para a análise dos sistemas escolares e suas tentativas de mudança e reestruturação".

Comentários de Alejandro Herrera Burton

Programa Interdisciplinario de Investigaciones Educativas
(Santiago do Chile)

As colocações de Gentili e Suárez mostram que os conflitos educacionais em nossa região podem apresentar vários aspectos ou direções pelos quais podemos analisá-los. Um desses primeiros aspectos diz respeito ao reconhecimento dos atores que participam desses conflitos e das partes que lutam entre si, que também podem ser chamados de sujeitos dialogantes. Parece haver um certo consenso sobre a determinação desses sujeitos: de um lado estão as organizações magisteriais, representadas pelos sindicatos e grêmios docentes; e do outro lado está o governo, representado pelo Ministério da Educação ou autoridades locais, estatais ou nacionais, envolvendo em alguns casos diretamente o Presidente.

A partir de um segundo aspecto, somos levados a analisar as principais causas geradoras destes conflitos, entendendo *causa*, nesse contexto, como as reivindicações em torno das quais os atores envolvidos interagem dialeticamente mediante uma lógica cíclica que tem se instalado no desenvolvimento das dinâmicas de conflitividade em todos os níveis, cujos momentos seriam: demanda, negociação, fracasso, paralisação, negociação e acordo.

Entre estas reivindicações, mencionam-se demandas relacionadas a condições salariais e trabalhistas do professorado, capacitação profissional, incentivos, estímulos econômicos e orçamento para a educação, entre outros. Prevalecem entre tais requisições os olhares "restritivos e limitados" dos militantes, o que revela a ausência de uma visão holística que gere uma Política Integral capaz de abranger na discussão a todos os aspectos envolvidos na tarefa de educar.

Os demais aspectos abordados, ou ao menos mencionados, tratam das semelhanças e diferenças dos conflitos entre os diversos países da região, da conflitividade educacional no contexto da conflitividade social, do conflito educacional a partir de uma perspectiva histórica, associando-o às grandes mudanças e transformações de paradigmas ao longo dos anos, entre outros.

Entretanto, concordo plenamente com Gentili e Suárez quando afirmam que para analisarmos um e cada um destes importantes aspectos, precisamos em primeiro lugar tomar uma decisão em relação à definição operacional de conflito que escolheremos para basearmos a análise do tema em questão, pois isto determinará as maneiras pelas quais poderemos tratar da questão da conflitividade educacional na América Latina.

Nesse sentido, Gentili e Suárez propõem a elaboração de uma cronologia dos conflitos educacionais baseada em um conceito que relaciona os conflitos ao contexto dos complexos processos sociais, econômicos e culturais nas quais estes se dão. Não se trata de reduzir a tarefa de elaborar uma definição de conflito a simples causas motivadas pelo contexto, mas sim de construir uma visão holística do fenômeno da conflitividade na América Latina a partir de suas diversas manifestações.

A noção generalizada de conflito é aquela que circula nos meios de comunicação e se associa a conceitos tais como: "exigências", "recusas", "ameaças", "violência", "desordem" etc. Estes conceitos instalam quase naturalmente no imaginário coletivo definições que trazem juízos de valor como "alteração da ordem social".

De fato, os conflitos só são viabilizados pelos meios de comunicação, ou seja, constituem-se como tais aos olhos da opinião pública, uma vez que as negociações entre as partes tenham fracassado, ou quando o diálogo não foi frutífero pois raramente encontram-se soluções, ou seja, são apresentados como o efeito de uma certa interação.

Em uma das definições apresentadas por Gentili e Suárez, o conflito é caracterizado como um fenômeno essencialmente ativo, sendo portanto possível impor ou conquistar consenso social e político sobre o modo em que cada ator concebe a educação.

O conflito não é o produto da interação — nem muito menos de uma espécie de deficiência desta —, mas ele mesmo é interação. Não é apenas uma forma de interação social, muito mais do que isso, é uma das mais eminentes formas de interação. Seguiremos na tentativa de esclarecer esta afirmação.

Passemos a análise de uma situação de conflito na tentativa de esclarecer a afirmação anterior. Vejamos, por exemplo, a demanda docente por reivindicações salariais que, assim como todo fato que acontece no mundo, não tem apenas uma única explicação, uma única causa, mas sim uma multiplicidade de fatores que coincidem, ao que parece inevitavelmente, para produzi-la. A diferença entre um acontecimento ordinário e um conflito reside no fato de que neste último se tornam imediatamente visíveis as estruturas que configuram e estão na base de toda inter-relação possível com outros agentes. Como bem diz Gentili, o conflito "permite que recuperemos a noção de interesses contrapostos e de poder relativo com que cada ator conta para impor 'seu' consenso aos demais ou para conseguir acordos". Para que haja uma situação conflitiva, é necessário que haja um problema, um "algo em conflito", alguém com quem se está em conflito, e um algo (razão) pelo qual e para o qual se entra ou se está em conflito. Estes dois últimos elementos explicariam o porquê do conflito. Por exemplo, José Seoane e Emilio Taddei opinam em sua cronologia "A Conflitividade Social na América Latina", que a conflitividade é "uma porta de acesso importante para a compreensão das transformações estruturais que marcam o capitalismo latino-americano e as dinâmicas sociais nas quais tais transformações se inscrevem e desdobram".

Sem considerar a cronologia oferecida no final do texto, parece-me que até este ponto estão resumidas suas idéias medulares, ou ao menos as que me parecem mais relevantes. Seguem-se abaixo as análises destas principais idéias.

Há vários pontos em relação ao texto que me parecem discutíveis. O primeiro deles diz respeito ao título, inapropriado em relação ao conteúdo. Fala-se de "conflitos educacionais", mas o artigo se refere a "conflitos docentes", o que certamente não é a mesma coisa. Além disso, creio que muitos dos maiores conflitos educacionais não são abordados, nem assumidos ou muito menos tratados nos conflitos docentes. O caso do Chile é um exemplo. Um de seus nós "gordianos" no terreno educacional é a segmentação social que o orçamento participativo tem provocado, um problema da maior importância que, no entanto, não é assumido nem aparece em nenhum dos conflitos docentes tratados no documento. Também se menciona no documento que não há registros de conflitos com a educação particular, o que não quer dizer — imagino — que a relação educação privada *versus* educação pública não seja um dos maiores problemas que o setor educacional enfrente, dividido entre dois sistemas paralelos que não se tocam e que operam com duas lógicas distintas.

No início do texto identificam-se as "ameaçantes transformações" impulsionadas pelas reformas, mas não se relacionam os sentidos e direções das mudanças causadoras dos conflitos. Mesmo que os explicitasse, ainda assim a lista pareceria insuficiente ao não incorporar outros conflitos educacionais relevantes e que são tratados como conflitos docentes. É o caso, por exemplo, da fraca relação dos ministérios com os institutos formadores de professores e a forte relação que os mesmos têm com as práticas educacionais, o que impossibilita uma ação eficaz dos ministérios na implementação das reformas nos centros escolares.

Outro ponto que gostaria de destacar diz respeito às estatísticas relacionadas, pois quando estas falam da "adesão de professores" a greves e protestos, relacionam apenas o número de dias de duração da manifestação, e não a porcentagem ou o número de professores que aderiram a ela. Em minha opinião, a presença desse fato é de suma importância, pois certamente auxiliaria a determinar com precisão a real envergadura do conflito. Há outras perguntas sobre os conflitos docentes que considero importantes e que não encontram respostas no documento. Perguntas como, por exemplo, quanto é o custo das greves docentes em cada país? Quantos destes conflitos tiveram algum resultado efetivo em termos de modificação das políticas? Quantos dos conflitos tiveram apoio de outras forças sociais e quantos não tiveram?

Reitero minha total concordância sobre a necessidade de uma revisão e contextualização da noção de conflitividade, entretanto, ainda assim chama minha atenção a contradição ou mesmo falta de fluidez entre a teoria da conflitividade esboçada ou proposta no texto por Gentili e a noção da mesma que se aplica na cronologia. Que importância há em conhecer o número de conflitos ou os tipos de conflitos se as situações de contexto são as que fazem diferença? Uma greve durante um período de ditadura é muito diferente de uma greve em meio à democracia. Quantos dos conflitos docentes não refletem mais do que interesses corporativos e não uma vontade de superar os verdadeiros conflitos educacionais? E quais são estes verdadeiros conflitos?

Uma coisa é o conflito e outra muito diferente são suas manifestações ou expressões, como, por exemplo, as ações de protesto. Creio que para justificar este argumento basta constatarmos a multiplicidade de conflitos que não têm negociações nem reações de protesto como resultado. No Chile, por exemplo, o problema da ausência de regulamentação na utilização de subvenções estatais por parte dos mantenedores de colégios particulares subvencionados é um grande problema, mas, no entanto, não é viabilizado pelos meios de comunicação como um conflito, nem gera ações de protesto por parte do magistério ou dos apoderados.

Por todas estas questões, parece-me estranho que um texto sobre conflitividade, em vez de evidenciar conflitos, destaque apenas demandas, reclamações, protestos ou outras expressões reivindicativas. Com isto não queremos desconsiderar as estatísticas apresentadas, nem muito menos ignorar a função que estas cumprem. Longe disso. Nossa intenção é simplesmente chamar a atenção para o fato de que centralizar nossos olhares nas ações de protesto pode vir a invisibilizar o que é verdadeiramente importante, que diz respeito ao questionamento dos conflitos e dos processos de transformação social nos quais estes se inserem a partir de diversos modos como se instalam ou tornam-se publicamente conhecidos. Pensar que através das estatísticas das ações de protesto do Magistério alcançaremos uma compreensão dos conflitos da educação na região, parece-me que de alguma maneira pode nos induzir a confundir o mapa com o território.

Estas conjecturas me levam a imaginar que outros conflitos poderiam ser somados aos já instalados. Por exemplo, após as demandas, protestos e paralisações docentes por reivindicações salariais, reconhecidos no texto como um dos grandes conflitos educacionais, poderia surgir um novo conflito, um conflito de verdade, entre uma certa idéia coletiva sobre a superlativa dignidade e importância do trabalho docente, e de como esse deveria se ver refletido no salário e nas condições de trabalho oferecidas pelo governo e as condições reais de trabalho dos docentes. Alguns podem pensar que com estas sutilezas estou introduzindo complexidades que apenas multiplicariam os problemas em vez de solucioná-los, e que acabarão por construir conceitos inalcançáveis, incompreensíveis como "metaconflitos", ou algo semelhante, mas essas considerações ficam a critério do leitor.

Em resumo, preocupa-me o fato de que, na prática, estejamos perdendo ou confundindo os conceitos ganhos no campo da teoria; temo que voltemos a confundir ou a fundir em um único conceito aquilo que havia sido discernido através de um valioso esforço analítico. Quero dizer com isso que me parece paradoxal que se proponha uma pesquisa profunda sobre o conceito, uma definição "teoricamente ambiciosa" do conflito educacional, mas que no entanto não condiz com a análise dos conflitos que são descritos na continuação na cronologia. Para que serve essa definição, se posteriormente os conflitos se reduzem a expressões de protesto e se agrupam em categorias abstratas despojadas de todo contexto social e direcionalidade política?

Para finalizar, gostaria de esclarecer que minhas palavras não pretenderam descartar ou invalidar o caminho proposto por Gentili e Suárez para abordar o tema da conflitividade educacional na América Latina, mas apenas desejo com isso gerar uma reflexão crítica sobre a eficácia ou rendimento das ferramentas que estamos utilizando para a compreensão do fenômeno da conflitividade educacional em nossa região. Deixamos uma pergunta em aberto: será que o diligente trabalho de ordenar estatisticamente as ações de protesto dos professores nos auxiliará a identificarmos e compreendermos os conflitos da educação e suas reformas na região?

Novas e não tão novas questões sobre os conflitos educacionais na América Latina: algumas respostas e questionamentos

*Pablo Gentili e Daniel Suárez**

Nesta seção pretendemos responder a alguns dos comentários e críticas formulados sobre o texto que deu origem ao presente debate. Entretanto, as observações, respostas e questionamentos que apresentaremos não pretendem encerrar aquilo que consideramos um prolífico intercâmbio de opiniões e perspectivas de análise, além de uma promissora produção intelectual sobre a problemática da conflitividade social em geral, e em particular sobre a conflitividade docente e educacional. Pelo contrário, as afirmações e perguntas deste apartado se orientam a considerar a conflitividade e as tensões do campo educacional como uma das vias conceituais mais férteis e provocativas para levar adiante uma análise crítica renovada das reformas educacionais e das lutas democráticas que giram em torno delas. Nesse sentido, o real objetivo de nossas observações é inaugurar novos pontos de vista e enfoques que possibilitem e estimulem explorações teóricas e estratégias metodológicas ainda incipientes, mas que potencialmente pode-

---

* Laboratório de Políticas Públicas (Rio de Janeiro e Buenos Aires). Observatório Latino-Americano de Políticas Educacionais (OLPED).

rão contribuir para uma compreensão mais adequada de processos sociais tão complexos como são os envolvidos na reforma e na mudança educacionais.

Ao longo desta seção, procuraremos identificar e descrever os principais tópicos do debate suscitado, e também os comentários críticos apresentados pelos respectivos textos de discussão, tentando ao mesmo tempo responder a algumas das inteligentes observações de seus respectivos autores sobre nossa produção inicial. Ao final, apresentaremos algumas dimensões e questionamentos originados nesses intercâmbios e que, de acordo com nosso critério, deveriam ser pesquisados e debatidos em outras ocasiões e também através de outras estratégias.

Em princípio, podemos afirmar que acima das diferenças entre eles, todos os textos que participaram neste primeiro debate do Fórum Latino-americano de Políticas Educacionais (FLAPE) chamam a atenção sobre a necessidade de contextualizar historicamente a conflitividade educacional, avançando em uma compreensão analítica acerca da mesma. Tanto nosso texto de base como os textos de discussão, apesar das diferentes ênfases utilizadas em cada caso, recomendam que para alcançar essa compreensão se faz necessário: a) localizar os conflitos educacionais/docentes no cenário mais geral da conflitividade social e da crise política e econômica que os países da América Latina viveram durante os últimos anos; e b) relacioná-los e contrastá-los com as políticas e/ou processos de reformas educacionais, mas também econômicas e políticas, promovidas pelos governos nacionais (neoliberais, autoritários, democráticos, com ou sem apoio popular) durante a década de 1990 e os primeiros anos do século XXI.

Mesmo através de diferentes estratégias, os textos também coincidem em propor que as abordagens conceituais e metodológicas da conflitividade educacional e social sejam mais profundas e complexas, tornando-se mais integrais e dinâmicas. No mesmo sentido, todos em conjunto consideram que o caminho mais adequado para alcançar esse objetivo é orientar o olhar na direção de dimensões e tendências macrosociais (econômicas, políticas, culturais e sociais) que colocam em destaque o caráter multicausal e constitutivo dos conflitos educacionais e docentes. Em alguns casos, recomendam inclusive que estas abordagens macro-sociais sejam combinadas a outras micro-sociais, mais qualitativas e interpretativas, que possam dar conta de dimensões e variáveis institucionais, micropolíticas e inter-relacionais.

A contextualização histórica e o desenvolvimento conceitual de uma "teoria do conflito educacional e social" representam uma dupla trilha a percorrer, na perspectiva de todos os textos. Por esta via, o debate reconheceu a centralidade assumida pelo conflito educacional no campo da conflitividade social, mesmo que em maior ou menor medida de acordo com cada autor. Ao mesmo tempo, os docentes e suas organizações sindicais também foram identificados como os principais protagonistas, (não exclusivos) dos confrontos e disputas, e o Estado (nacional, estadual, municipal) como seu antagonista mais recorrente. Mesmo apresentando outros setores e atores como participantes centrais de conflitos educacionais do tipo, todos os textos, à sua maneira e com diferentes graus de importância, destacam os sindicatos docentes e os governos como os principais pólos de confronto em todos os casos no complexo e polimorfo campo de tensões que caracterizam os sistemas educacionais da região.

Os textos de discussão contribuem com o debate aprofundando a conceitualização e o conhecimento da conflitividade educacional e docente, pontuando-o através das estratégias discursivas e argumentativas presentes em todos eles, com diferente peso de acordo com cada caso. A primeira estratégia consiste em ampliar e aprofundar os termos e os alcances teóricos e empíricos da discussão, através da descrição e análise de aspectos-chave da conflitividade educacional em cada país, considerando o conflito nacional como um exemplo das tendências gerais. A mesma estratégia que busca avaliar as causas, procurando dar conta de dimensões e variáveis qualitativas da conflitividade usada nos estudos de casos nacionais da pesquisa apresentada em nosso texto-base, foi explorada fundamentalmente pelos textos da Universidade Pedagógica Nacional (UNP) da Colômbia e do Fórum Educacional do Peru. Tal estratégia permitiu que os autores destes textos pudessem relativizar e ponderar sobre algumas das afirmações apresentadas em nossa pesquisa relativas às ações de protesto docente.

O trabalho do Grupo FLAPE Colômbia assinala claras diferenças nacionais relacionadas a duas tendências gerais indicadas em nosso texto de base. A primeira diz respeito ao caráter centralmente reivindicativo e salarial que parece ter dominado majoritariamente o protesto docente na América Latina, e que no caso das lutas do sindicalismo colombiano tendeu a se enfraquecer e apagar, já que estas tiveram um evidente sentido político-educacional. A segunda refere-se à tendência que indica que nos países latino-americanos os protestos e lutas docentes são promovidos fundamentalmente por intermédio de estratégias de confronto convencionais (greves, paralisações e mobilizações), e que contrasta com as renovadas modalidades e formas de luta desenvolvidas pelos sindicatos docentes da Colômbia (como, por exemplo, a participação do FECODE no Movimento Pedagógico Nacional).

Um fato que nos chama a atenção é o de que esta posição metodológica que enfatiza os casos nacionais como base para a ampliação do olhar sobre a conflitividade educacional e docente, tenha dado resultados tão diferentes, e até opostos, no caso peruano. A reflexão de Hugo Díaz Díaz, assim como ocorre no texto da equipe colombiana, centraliza-se em analisar o enfrentamento entre docentes e governos do Peru, contribuindo a partir desta especificidade para a conceitualização e o debate já iniciados pelo texto-base. Ressaltando as peculiaridades do sindicalismo docente (seu caráter "tradicional" e a hegemonia interna de antigos grupos ideologizados ou "líderes históricos") e das formas de governo peruanos ("governos autoritários com apoio popular" e "governos democráticos sem apoio popular"), a linha argumentativa do texto parece confirmar, mesmo que em um sentido diferente, as tendências gerais do estudo cronológico, sobretudo no que concerne ao uso de estratégias convencionais de luta sindical e ao caráter fundamentalmente reivindicativo dos protestos magisteriais. Neste caso, entretanto, esses argumentos são utilizados para identificar as "conseqüências negativas" que as recorrentes greves e paralisações docentes trazem, fundamentalmente, para os setores mais pobres da sociedade.

Possivelmente, a diferente conclusão acerca do conflito docente no Peru deva-se ao fato de Hugo Díaz Díaz utilizar-se de um enfoque conceitual e metodológico mais funcional e sistêmico do que os apresentados pelos demais textos. Tudo parece indicar que a proposta conceitual que está por detrás do texto peruano, assim como fazem os estudos mais convencionais, supõe a conflitividade educacional e docente como *um problema*, ou *um limite*, da "governabilidade" dos sistemas educacionais e suas reformas; como *um desvio* no curso normal ou habitual dos acontecimentos e processos educacionais; ou como *uma disfuncionalidade* nas pautas de comportamento das partes em litígio e nos critérios racionais de funcionamento dos atores sociais e educacionais no sistema escolar. Talvez por não considerar o conflito como parte dos processos e relações sociais, o texto de discussão proposto pelo Fórum Educacional (FE) recomenda em um mesmo movimento: identificar e trabalhar sobre as "responsabilidades das partes em conflito"; propiciar a "renovação da atitude sindical" para alcançar o "apoio à modernização dos enfoques de gestão do sistema educacional e as iniciativas de melhora da qualidade"; procurar uma "despolitização das demandas do magistério". De fato, não podemos nos aprofundar nessa questão, mas vale mencionar aqui que todos estes caminhos de ação são congruentes, em muitos sentidos, com o programa de reformas educacionais promovido pelos organismos internacionais (como o Banco Mundial e o BID) e foram, em maior ou menor medida, implementados pelos governos neoliberais da região. Ações que, sem exceção, para bem ou para mal, justa ou injustamente, não têm feito senão aprofundar os altos índices de conflitividade que marcaram as reformas educacionais atualmente em curso em boa parte da América Latina. Suspeitamos que há uma contradição inocultável entre o reconhecimento da necessidade de "superar" os conflitos educacionais, propondo, para isto, apagar o incêndio com gasolina.

Uma outra estratégia argumentativa utilizada pelos textos de discussão consiste, basicamente, em ressaltar e criticar aspectos teóricos, conceituais e metodológicos desenvolvidos em nossa pesquisa. Ao apontar suas conquistas e contribuições, mas fundamentalmente mediante comentários críticos que evidenciavam as "limitações de ordem técnica" de nosso estudo, os textos de discussão, sobretudo os do Observatório Cidadão da Educação (OCE) do México e do Programa Interdisciplinar de Pesquisas Educacionais (PIIE) do Chile, e em menor medida o da UPN da Colômbia, apresentam e também colocam em debate uma série de considerações para uma adequada teorização e tratamento metodológico da conflitividade educacional e docente na América Latina. Nestes casos, as referências analíticas aos casos nacionais não constituem o eixo de ampliação e aprofundamento do debate, mas são, de fato, utilizadas para ilustrar ou exemplificar os argumentos utilizados pelos respectivos autores.

Apesar de termos advertido sobre este ponto em nosso texto-base, as observações críticas de Rodolfo Ramírez Raymundo, assim como as de Alejandro Herrera Burton e as do Grupo FLAPE Colômbia, apontam em nosso texto certa confusão e falta de clareza entre as definições de "conflitividade educacional" e "conflitividade docente", ressaltando o fato de que tal redução deixa de lado outras formas e manifestações importantes e significativas do conflito educacional (como, por exemplo, a tensão entre a educação pública e a privada no Chile, ou os conflitos existentes entre administrações educacionais locais democráticas e governos nacionais neoliberais na Colômbia). Além disso, estas críticas também identificam em nosso texto contradições entre a ambiciosa definição conceitual do conflito educacional que propomos, sua breve e concisa definição operacional e o limitado tratamento metodológico supostamente adotado pela pesquisa cronológica de base. Podemos encontrar a expressão mais contundente dessa crítica nos escritos de Herrera Burton: "chama minha atenção a contradição ou mesmo falta de fluidez entre a teoria da conflitividade esboçada ou proposta (...) e a noção da mesma que se aplica na cronologia". De modo geral, todos os autores coincidem em afirmar que estas contradições estariam limitando os alcances teóricos e empíricos do estudo, além de prejudicar a nitidez das análises que nele se baseiam.

Estas contradições e confusões nas definições dos conflitos educacionais e docentes se mostram mais evidentes nas "incongruências" assinaladas pelos autores entre determinadas partes do texto: a primeira, na qual se define ampla e ambiciosamente a conflitividade educacional e social; a segunda, dedicada a apresentar alguns dos resultados tendenciais, mas teoricamente mais limitados, surgidos da análise cronológica dos protestos sindicais docentes; e as considerações finais do escrito (que não são, em sentido estrito, "conclusões", como afirma Rodolfo Ramírez Raymundo), nas quais se ensaia novamente uma avaliação teoricamente mais complexa e multicausal da conflitividade educacional e docente nos países da América Latina.

Parece-nos oportuno tecer alguns comentários sobre esta questão, a fim de que talvez possam esclarecer estas aparentes defasagens entre as diferentes partes de nosso escrito, e que evidentemente não foram de todo precisas na apresentação do debate nem no texto-base. Tanto na primeira parte, "A reforma educacional como cenário do conflito", quanto na última, as afirmações e definições que propomos têm como referência e fundamento a "triangulação" de informações qualitativas e hipóteses de trabalho interpretativas produzidas a partir dos cinco estudos de caso nacionais com os dados duros, mas talvez menos expressivos, da cronologia. O objetivo de ambas as partes do texto é fundamentalmente o de ponderar e revelar algumas das potencialidades teóricas e analíticas de um enfoque complexo, integral e holístico sobre a conflitividade social e educacional. Parece haver um consenso entre os textos sobre essa necessidade. A segunda parte, ao contrário, tem como objetivo mostrar algumas das tendências globais e quantitativas que permitem, ainda com limitações, mensurar a envergadura e o alcance que a "ação sindical docente" tem assumido como manifestação fenomênica da conflitividade educacional na América Latina, assim como definir, em termos gerais, quais foram suas marcas e características mais recorrentes e que mais se destacaram. Como manifestamos no início e no final do texto, em nenhum caso se propôs reduzir a conflitividade educacional à conflitividade docente, nem tampouco reduzir ambos os conceitos às expressões fenomênicas do conflito, representadas pelos protestos sindicais docentes que aparecem nos jornais de circulação nacional destacadas pelo estudo cronológico. Pelo contrário, o texto pretende motivar uma discussão contra toda forma reducionista e mecânica de entender a conflitividade docente, advertindo sobre os limites teóricos e metodológicos dos enfoques e abordagens mais funcionalistas acerca da própria conflitividade social.

Sem sombra de dúvida, a polêmica suscitada neste primeiro debate do Fórum Latino-americano de Políticas Educacionais (FLAPE) tem sido muito produtiva e, também, rica em matizes e pontos de vista alternativos. Os textos de discussão permitiram desdobrar ao máximo os esforços argumentativos e conceituais em torno destas temáticas, e amplificaram as ressonâncias críticas de nosso texto de base. Tomados em conjunto, apresentam uma série de dimensões, eixos e questionamentos para futuras pesquisas e debates. Alguns deles são os que se enumeram sinteticamente abaixo:

1) o peso relativo da conflitividade educacional no contexto mais geral da conflitividade social latino-americana e da implementação de políticas e reformas neoliberais,

2) o peso relativo dos enfrentamentos entre o sindicalismo magisterial e o Estado, no contexto mais geral da intensa conflitividade educacional vivida nos países da região,

3) a existência de outros conflitos e tensões que, no campo educacional, agregam-se de forma direta ou indireta às reivindicações do magistério ou, em alguns casos, são totalmente externas a ele:

a) exigências e lutas político-educacionais efetivadas por outros atores sociais e setores não docentes (como, por exemplo, as comunidades universitárias, grupos étnicos e culturais, movimentos sociais e organizações populares);

b) disputas territoriais e/ou intra-sistêmicas (centro *versus* periferia do sistema, co-participação federal, incumbências jurisdicionais etc.);

c) disputas entre a educação privada e a educação pública;

d) conflitos e tensões raciais, étnicas e culturais (geralmente vinculadas a situações de discriminação e segregação);

e) conflitos micropolíticos e institucionais (relações docente— aluno, problemas com credenciamento de instituições, conflitos entre instituições por fundos concursáveis).

4) Os fatores e dimensões do cenário sócio-histórico e educacional que podem estar afetando o surgimento e desenvolvimento de conflitos educacionais e docentes:

a) a implementação centralizada, vertical e sem consulta das reformas educacionais tecnocráticos e neoliberais;

b) os muito alardeados, mas pouco efetivos, processos de acordo ou pacto educacional;

c) os processos de descentralização e recentralização do governo, da administração e da gestão dos sistemas escolares;

d) a relativa ausência de investimento e financiamento da educação no que se refere à infra-estrutura, recursos e salários docentes, em contraste com o forte investimento nos programas e dispositivos de reforma educacional;

e) os processos e medidas de desregulamentação das relações trabalhistas e formas de contratação de docentes (reformas dos convênios coletivos de trabalho e estatutos do docente);

f) sociedades em crise: aprofundamento da exclusão social (desregulamentação do trabalho, aumento do desemprego e do subemprego, marginalidade, aumento da pobreza e da indigência etc.), aumento da concentração da riqueza e do poder, crise política e institucional, instabilidade política e institucional das democracias latino-americanas etc.

5) As características peculiares e específicas da conflitividade entre o sindicalismo magisterial e as administrações governamentais nos países latino-americanos:

a) o caráter cíclico dos conflitos entre os sindicatos docentes e o Estado;

b) as velhas e novas estratégias e modalidades de luta reivindicativa por parte dos sindicatos docentes;

c) a politização ou despolitização das reivindicações dos sindicatos docentes;

d) a convergência, articulação e/ou complementaridade da luta reivindicativa com outras expressões do protesto social (outros sindicatos ou organizações de trabalhadores, outros movimentos e organizações sociais).

6) As discussões teóricas e metodológicas em torno da definição conceitual e operacional do conflito docente e do conflito educacional. Nesse contexto:

a) os alcances analíticos e interpretativos de diferentes definições;

b) a complexidade da questão: multidimensionalidade, multicausalidade;

c) a superação das visões funcionalistas e mecânicas do conflito educacional e docente (o conflito docente não apenas como um fenômeno de ação/reação, que se refere tão-somente à disputa entre setores por recursos e benefícios);

d) o conflito docente e educacional como dimensão das disputas políticas e culturais na construção da hegemonia;

e) a necessidade de historizar e contextualizar o conflito docente e educacional;

f) a importância da informação e da construção de dados para o entendimento da conflitividade educacional e docente em toda sua complexidade e múltiplas dimensões e análises.

7) A possibilidade (ou não) de realizar estudos regionais sobre esta questão, respeitando as especificidades e particularidades locais que definem, em cada caso, cenários de conflitividade nem sempre coincidentes.

8) Os desafios que surgem hoje diante dos governos democráticos latino-americanos que pretendem inaugurar um ciclo de políticas públicas destinadas a desmontar a herança recebida após duas décadas de ajuste neoliberal. Os exemplos do Brasil, da Argentina e da Venezuela são paradigmáticos neste sentido. Além desses, o cenário que

se configura no Uruguai, diante da possibilidade de triunfo eleitoral da esquerda, assim como a rica e muito alentadora experiência colombiana, onde alguns governos locais têm conseguido recuperar um espaço democrático de diálogo e acordo em suas políticas sociais. Em suma, como pensar a conflitividade educacional diante de governos liderados por forças progressistas, cujo triunfo eleitoral tem representado uma evidente, embora não definitiva, derrota para as administrações conservadoras que hegemonizaram (e ainda hoje hegemonizam) o cenário político latino-americano dos últimos anos.

9) Como ampliar o olhar analítico a fim de alcançar e compreender novas formas de conflitividade que fujam das tradicionais modalidades de luta e reivindicação empreendidas pelo sindicato magisterial.

10) Que caminhos metodológicos precisamos percorrer para obter informações precisas, confiáveis e comparáveis sobre os processos de conflitividade educacional (em um sentido amplo), que permitam o necessário registro e documentação do "outro lado" ou da "outra versão" da história da educação em nossos países, uma história que ultrapasse as fronteiras de uma narração baseada na ação e na decisão dos grupos dominantes.

Estas e outras questões devem ser abordadas em novos estudos sobre a conflitividade educacional na América Latina. O debate que temos aqui apresentado, não faz senão evidenciar a necessidade de continuar pesquisando e polemizando sobre um espaço no qual se dirime o futuro da educação latino-americana.

A pesquisa sobre conflitos educacionais na América Latina

Acerca das fontes de pesquisa bibliográfica sobre movimento sindical docente e educação na América Latina

*Julián Gindin**

A discussão acerca da ação sindical do magistério fomenta muitos debates que convergem e se relacionam aos temas das reformas educacionais, as transformações no trabalho docente e a oposição social às políticas impulsionadas pelos governos latino-americanos nas últimas décadas. No sentido de contribuir com a produção de conhecimento sobre a questão, apresentaremos aqui a bibliografia e as fontes com as quais estamos trabalhando no projeto sobre conflitividade educacional na América Latina, desenvolvido pelo Observatório Latino-Americano de Políticas Educacionais (LPP/OLPED).[1]

1. A discussão na América Latina

Os trabalhos sobre a problemática do sindicalismo docente e a conflitividade educacional na América Latina são recentes e nem sempre possuem boa divulgação. A produção tem surgido como conse-

---

* Laboratório de Políticas Públicas — LPP (Rio de Janeiro). Observatório Latino-Americano de Políticas Educacionais — OLPED.

1. Parte da bibliografia aqui apresentada pode ser acessada *on-line* e consultada através do site: *www.lpp-uerj.net/olped/conflictos*.

qüência dos debates, também regionais, sobre a última geração de reformas educacionais e a forte conflitividade docente que as acompanhou (Filmus e Tiramonti, 1995; Corrales, 1999). Nesse sentido, o trabalho de Rosa Maria Torres (2000) constitui uma boa introdução à temática, apresentando as posições encontradas entre sindicatos e governos, e analisando também o papel e a crescente gravitação dos organismos internacionais.

Em uma série de artigos escritos por pesquisadores com um amplo conhecimento da realidade educacional na região, discutiram-se problemas recorrentes à temática tais como a existência de certo "corporativismo" nas reivindicações docentes e nas razões da atitude, em geral beligerante, que o magistério tem assumido diante das reformas educacionais (Tiramonti, 2001; Torres R. M., 2000 e 2001; Loyo, 2001; Torres C. A., 1995). Também neste mesmo horizonte latino-americano, os trabalhos de Maria Victoria Murillo merecem uma referência à parte. Neles, os marcos de análise da conflitividade sindical transcendem o setor educacional, além de se proporem hipóteses explicativas da ação docente organizada (Murillo, 1997 e 2000; Murillo e Maceira, 2001).

Uma das iniciativas mais ambiciosas para o conhecimento da relação entre as organizações docentes e os estados latino-americanos foi impulsionada, em 1998, pelo Programa para a Promoção da Reforma Educacional na América Latina e Caribe (PREAL) juntamente com a Faculdade Latino-Americana de Ciências Sociais (FLACSO — Sede Argentina). O projeto *"Sindicalismo docente e reforma educacional na América Latina"* realizou estudos sobre os casos dos seguintes países: Brasil, Argentina, Chile, Costa Rica, El Salvador, Honduras e Nicarágua, e também promoveu seminários internacionais e a edição de boletins regionais. A sistematização do material produzido neste projeto esteve a cargo de Mariano Palamidessi (2003).[2]

Finalmente, no ano de 2003, o Laboratório de Políticas Públicas da Universidade do Estado do Rio de Janeiro (LPP-UERJ), com o apoio do Escritório Regional para América Latina e Caribe (OREALC) da UNESCO, desenvolveu uma pesquisa sobre os conflitos docentes na

---

2. Estes documentos, em geral, encontram-se disponíveis *on-line*, assim como os boletins e outros materiais. No mesmo *site* também se pode consultar referências aos casos do México, Bolívia, Venezuela e República Dominicana. Alguns destes trabalhos foram publicados em *Propuesta Educativa* n. 21 (Torres e Schugurensky, 1999 e Casanova, 1999).

América Latina. Ela contemplou estudos nacionais na Argentina, no Brasil, no Equador, no México e no Peru, além de catalogar a ação sindical docente em 18 (dezoito) países do subcontinente, por intermédio da construção de um Banco de Dados, apresentado por Florencia Stubrin no capítulo seguinte deste livro.

2. Algumas linhas sobre a produção por países

Para a abordagem e discussão dos contextos nacionais de conflitividade, os próprios docentes representam, evidentemente, uma fonte de consulta obrigatória. As resoluções orgânicas, boletins de greve e sínteses de conflitos editados pelas organizações sindicais constituem uma importante base de informação para o estudo dos processos de mobilização magisterial.[3] Os sindicatos promovem também pesquisas sobre a história do sindicalismo magisterial, as conseqüências das reformas educacionais e as condições salariais e trabalhistas dos docentes.[4] Reforçando uma articulação política regional consolidada ao longo dos últimos anos, recentemente, as principais organizações sindicais do Brasil, Argentina, Uruguai e Chile iniciaram uma auspiciosa experiência de pesquisa internacional em conjunto com o projeto "As

---

3. Temos como exemplo a base documental compilada em dois dos mais importantes e recentes conflitos docentes: o protagonizado pelo Sindicato de Trabalhadores da Educação da Guatemala/Assembléia Nacional do Magistério (2003) e a Greve do Sindicato Unitário de Trabalhadores da Educação (SUTEP) do Peru em 2003. Estes, assim como outros documentos sindicais, também podem ser consultados em *www.lpp-uerj.net/olped/conflictos*.

4. A Confederação de Trabalhadores da Educação da República Argentina realiza um estudo sobre a história do sindicalismo docente que já teve sua primeira parte publicada (Vázquez e Balduzzi, 2000). Da mesma forma, o Colégio de Professores do Chile editou no presente ano um livro sobre a história do magistério nesse país (Ljubetic Vargas, 2004). As organizações magisteriais também promovem estudos sobre as condições de trabalho (Dutra Vieira, 2003; Martinez; Valles e Kohen, 1997) e sobre os salários docentes (Iñiguez, 2000; Colégio de Professores do Chile, 2002). No Brasil, os principais sindicatos trabalham juntamente com profissionais do Departamento Intersindical de Estatísticas e Estudos Socioeconômicos (DIEESE) para avaliar as perdas salariais e fundamentar suas demandas sindicais. A atenção dada à discussão é uma resposta à desvalorização dos rendimentos do magistério, e à ofensiva de governos e reformadores que promovem a fragmentação salarial da classe e o congelamento do salário mínimo, entendendo que um aumento do mesmo não "estimula" necessariamente os trabalhadores ou, até mesmo, que os rendimentos do magistério não são baixos (Murillo, 2002; Liang, 2003).

reformas educacionais nos países do Cone Sul à hora da continentalização". Este projeto é empreendido a partir do Fórum Continental da Educação, e conta com a participação da Federação Nacional de Professores e a Associação de Funcionários da Universidade do Trabalho do Uruguai (Uruguai), do Colégio de Professores (Chile), da Confederação de Trabalhadores da Educação da República Argentina e da Confederação Nacional dos Trabalhadores em Educação (Brasil). A iniciativa é apoiada pelo consórcio CSQ-FEECB-FEESO do Canadá e conta com a coordenação executiva do Laboratório de Políticas Públicas (LPP — Sedes do Rio de Janeiro e Buenos Aires).

O México e o Brasil são os países da região nos quais mais se tem pesquisado o sindicalismo magisterial.[5] Também dispomos de várias fontes de consulta sobre Chile, Peru e Argentina. O caso do Uruguai pode ser encontrado em Filgueira (2003) e em Fenapes e Afutu (2004). Em Honduras, El Salvador, Nicarágua e Costa Rica, encontramos somente um único material sistematizado, produzido a partir das pesquisas do Projeto sobre Sindicalismo Docente e Reforma Educacional de FLACSO/PREAL (Posas, 2003; Quinteiros, 2003; De Castillo Urbina, 2003; Castro Valverde, 2003). E sobre o Equador contamos apenas com o trabalho de Luna (2004).

Boa parte dos trabalhos mexicanos se concentra no estudo do controle burocrático que define o estilo de gestão do poderoso Sindicato Nacional de Trabalhadores da Educação (SNTE), nas lutas do magistério organizado na Coordenadoria Nacional de Trabalhadores da Educação (CNTE) e no "acordo" sobre reforma educacional nos anos 1990. Desde sua criação, o SNTE encontra-se apoiado no Estado. A partir do final dos anos 1970, a CNTE, uma corrente interna do SNTE, canaliza a mobilização docente. A reforma educacional foi implementada através do Acordo Nacional para a Modernização da Educação Básica (ANMEB, 1992), assinado pelo SNTE e pelo governo mexicano

---

5. Dos setenta e cinco trabalhos escritos nas décadas de 1980 e 1990, analisados por Murillo (2001), quase a metade tratam do caso mexicano. Em uma descrição sobre a produção brasileira, Claudia Vianna recolhe quarenta e sete dissertações de mestrado e sete teses de doutorado apresentadas entre o começo de 1980 a 1996, nos programas de pós-graduação em educação (Vianna, 2001). Além disso, há também outras pesquisas realizadas no mesmo período que, em geral, compartilham as características analisadas por Vianna, como a de Moreira Pacheco (1993) e a de De Carvalho Cavalheiro (1989). Desde então, novas pesquisas têm sido escritas, como, entre outras, as de Salomão (2003) e Borges (2003).

(Sandoval Flores, 1985; Street, 1992a, 1992b, 1996, 1997, 2000 e 2004; Arnaut, 1992 e 1996; Loyo e Muñoz, 2001).

Na década de 1980, no Brasil, houve a convergência entre as lutas pela democratização do país e os conflitos salariais acirrados pela alta inflacionária: as mobilizações docentes foram massivas, o sindicalismo magisterial ampliou enormemente sua capacidade de convocação e os métodos de protesto, assim como a ideologia dos setores dirigentes sindicais, radicalizou-se de maneira notável. A bibliografia sobre o sindicalismo magisterial não poderia deixar de refletir este processo e seu esgotamento na década de 1990 (Vianna, 1999). Por ser um país de dimensões continentais e contar com um sistema educacional historicamente descentralizado, os estudos se centram nos sindicatos organizados por estado.[6] No caso brasileiro, a situação torna-se cada vez mais complexa. O processo de municipalização da educação fragmenta os cenários de negociação e conflito.

Na Argentina, a descentralização da contratação e a regulamentação das condições de trabalho dos docentes não têm alcançado tanto desenvolvimento, além disso, a Confederação de Trabalhadores da Educação da República Argentina (CTERA) conseguiu nacionalizar parcialmente a discussão salarial a partir da histórica luta da Barraca Branca. Apesar da descentralização educacional, o México manteve os níveis nacionais de negociação trabalhista e o Chile conseguiu conquistar estes níveis.

O caso chileno é extremamente interessante devido à profundidade alcançada pela aplicação das políticas neoliberais, às conquistas que o movimento docente alcançou com o retorno à democracia e o alto grau de institucionalidade presente na relação entre o sindicato e o governo desde então. O que, logicamente, não significou ausência de conflitos, mobilizações e greves (Núñez, 2001; Ljubetic Vargas, 2004; Colegio de Profesores; 2004).[7]

---

6. Contamos com as publicações de Abreu e Bulhões (1992) sobre o magistério do Rio Grande do Sul; García Sobreira (2001) sobre o Rio de Janeiro e Vianna (1999) e Gohn (2000) sobre a experiência paulista. A pesquisa para FLACSO/PREAL também teve um horizonte sub-nacional (Krawczyk e Brunstein, 2003), assim como a desenvolvida por Andrade de Oliveira (2004) para o projeto do LPP/OREALC-UNESCO. Em escala nacional conhecemos apenas o trabalho necessariamente geral da confederação docente (CNTE, 2004).

7. Sobre a história do magistério chileno, ver Núñez (1986).

No Peru, além dos trabalhos sobre a história do sindicalismo docente (Reynoso, Aguilar e Pérez, 1979; Ballón, Pezo e Peirano, 1981) e de uma recente pesquisa publicada pelo Banco Interamericano de Desenvolvimento (Zegarra e Ravina, 2003), o Instituto de Pedagogia Popular (IPP) edita desde 2002 uma série de cadernos com informação relativa à taxa de sindicalização, remunerações docentes, negociações e conflitos com o governo etc. O trabalho realizado por Sigfredo Chiroque (2004) é, sem dúvida, uma grande contribuição para o conhecimento da situação peruana.

A "Barraca Branca da Dignidade Docente", que permaneceu durante mais de mil dias acampada em frente ao Congresso Nacional, fez do magistério argentino uma referência continental. Entre a produção sobre o sindicalismo docente no país, destacam-se, pelo alcance de seus estudos, o trabalho histórico de Vázquez e Balduzzi (2000) e a pesquisa de Suárez (2004) sobre o período 1997-2003.[8]

Considerações finais

Pelas razões mencionadas, são grandes as dificuldades para realizar um levantamento bibliográfico abrangente acerca do sindicalismo e da conflitividade docente na América Latina. Nesse sentido, esta introdução tem como único objetivo servir de contribuição para um trabalho que, além de ter à frente um longo caminho, é também necessariamente coletivo e não começa aqui.

O estudo do sindicalismo docente, em escala regional, foi inicialmente promovido pelos organismos que impulsionaram, apoiaram ou contribuíram para legitimar os processos de reforma educacional promovidos pelos governos neoliberais durante as últimas duas décadas. Sua principal preocupação se fundamentava no caráter desestabilizador que as ações de protesto docente produziam, e os conseqüentes

---

8. Também podem ser consultados Gentili (1992), Vázquez e Balduzzi (2001), Murillo e Ronconi (2002), Murillo, Tommasi, Ronconi & Sanguinetti (2002) e CTERA (2004). Existe, ao mesmo tempo, uma importante produção inédita neste campo. Como exemplo, podemos mencionar o trabalho de Delgado (2002), no qual se analisa o processo de transferência dos colégios dependentes da nação para os municípios, no início dos anos 1990, e a resposta sindical docente, assim como um estudo de caso sobre a vida interna da delegação Rosario da Associação do Magistério de Santa Fe (Gindin, 2003).

problemas de "ingovernabilidade" que estas ações geravam. O trabalho pioneiro foi impulsionado, nesta linha, pelo Programa de Promoção da Reforma Educacional na América Latina e o Caribe (PREAL), e também, em menor medida, pelo Banco Interamericano de Desenvolvimento (BID).

Obviamente, um assunto como este coloca em evidência as sempre limitadas aspirações de objetividade e neutralidade dos pesquisadores e pesquisadoras do campo. De tal forma, os estudos sobre esta problemática possibilitam o reconhecimento, quase indubitável, do posicionamento político daqueles que analisam os processos de conflitividade. Nesse sentido, podemos identificar produções que, mesmo com toda criticidade em relação às modalidades da ação sindical, sustentam um compromisso firme com as lutas magisteriais. Por outro lado, ou *"do outro lado"*, resulta não menos evidente a preocupação manifesta por algumas produções, em chamar a atenção sobre os supostos "efeitos perversos" (manifestos ou latentes) da mobilização social e sindical, gerados pelos processos de reforma neoliberal aplicados em boa parte dos países latino-americanos.

Ao se concentrar e focalizar sua análise nos próprios processos de reforma educacional, alguns estudos concedem pouca atenção ao papel dos docentes nos processos de conflitividade social, desconsiderando também o contexto histórico no qual se promovem as ações do magistério. Esta questão se evidencia principalmente nos trabalhos que abordam a questão a partir de uma perspectiva regional. Parece ser evidente que uma análise crítica dos protestos magisteriais torna obrigatória a contemplação do caráter estruturante do contexto sócio-político no qual as ações reivindicativas do sindicalismo docente latino-americano se manifestam.

Apesar do interesse crescente nesta problemática, Loyo e Ibarrola destacaram a existência de "enormes lacunas de *informação básica*" (Loyo e Ibarrola, 2001: 72).[9] Além disso, a produção se concentra em alguns

---

9. Referiam-se especificamente ao conhecimento das organizações docentes do México, Argentina, Chile, Brasil, Colômbia, Venezuela, Costa Rica, Guatemala e República Dominicana. Escreveram: *"Temos que enfrentar o fato: hoje em dia carecemos de dados confiáveis sobre quantas organizações docentes existem em nossos países, o número de membros que representam, seu contexto jurídico, formas de financiamento, âmbitos de ação e alianças com outros grupos sindicais ou políticas, para mencionar apenas alguns dos pontos mais importantes"* (Loyo e Ibarrola, 2001: 72).

países e dificilmente transcende as fronteiras nacionais. Os trabalhos desenvolvidos a partir de projetos internacionais citados, ainda com seus diferentes enfoques, contribuem para a superação da situação assinalada por tais autoras.

A dimensão dos sistemas educacionais latino-americanos e a heterogeneidade das organizações docentes (em termos de estrutura sindical, regulamentação legal, contexto sócio-político e experiência histórica) dificultam a construção de um corpo de conhecimentos sistemáticos que sustente uma discussão aberta, rigorosa e empiricamente bem fundamentada. Contudo, a multiplicação de estudos dentro e fora das organizações sindicais, e o progressivo interesse de pesquisadores e pesquisadoras, ajudará a consolidar um campo analítico de fundamental importância política e intelectual.

Banco de dados sobre a ação sindical docente na América Latina

*Florencia Stubrin**

Com o objetivo de mapear e compilar as principais estratégias de protesto e ações reivindicativas empreendidas pelas organizações sindicais do magistério em 18 países da América Latina, a partir de 1998, propôs-se a construção de um Banco de Dados coordenado pelo Observatório Latino-Americano de Políticas Educacionais (OLPED), como um instrumento que permitisse, mediante a obtenção de alguns dados de caráter quantitativo, delinear certas tendências gerais relacionadas às dinâmicas da conflitividade educacional na região. Este instrumento permite o acesso aos principais conflitos educacionais ocorridos durante o período estudado, e pretende aproximar-nos de uma visão de conjunto da intensa conflitividade que acompanhou os processos de reforma educacional implementados na América Latina durante a última década. No sentido de possibilitar esta visão, a compilação procura evidenciar, com certa precisão: as dimensões assumidas por estas ações reivindicativas, as formas como estas se manifestaram, as demandas que as motivaram e os atores que nelas estiveram envolvidos. Para tal, apresenta, de forma esquemática, alguns dados necessários à análise desta problemática.

---

* Laboratório de Políticas Públicas — LPP (Buenos Aires). Observatório Latino-Americano de Políticas Educacionais — OLPED.

As informações reunidas no *Banco de Dados sobre a Ação Sindical Docente na América Latina* originaram-se de um trabalho de seleção realizado a partir de uma triangulação das informações obtidas por meio das seguintes fontes:

- Estudos, pesquisas sobre a conflitividade educacional ou social na América Latina. As principais fontes de consulta foram: a compilação de conflitos sociais realizada pelo Observatório Social da América Latina (OSAL);[1] os oito estudos nacionais do Projeto Sindicalismo Docente e Reforma Educacional do PREAL; e as sínteses informativas do Observatório Latino-americano de Políticas Públicas Educacionais (OLPED), coordenado pelo Laboratório de Políticas Públicas (LPP).
- *Páginas Web, documentos e publicações de organizações sindicais do magistério.* Estas fontes são extremamente heterogêneas. Enquanto alguns sindicatos contam com meios de divulgação próprios e uma completa informação em formato original, outros não possuem publicações periódicas nem arquivos acessíveis que permitam a realização de um acompanhamento de suas ações sem que seja necessário o auxílio direto de seus dirigentes.
- *Diários, jornais e revistas de informação geral.* Faz-se necessário repetir aqui a observação formulada no ponto anterior: alguns informativos possuem excelentes meios de acesso a seus arquivos *on-line*, enquanto outros dispõem apenas de registros muito precários e altamente instáveis.

A enorme disparidade e heterogeneidade nas possibilidades de acesso às fontes de informação encontrada entre os diversos países, representa um dos principais obstáculos para o acompanhamento das ações docentes, além de ser também um importante elemento a ser considerado no momento de se realizar uma sistematização da informação disponível.

Também devemos considerar que a consulta a estas fontes apresenta uma série de limitações metodológicas. Como temos dito, os estudos e pesquisas sobre o tema são escassos e focados em alguns casos

---

1. Projeto desenvolvido pelo Conselho Latino-Americano de Ciências Sociais (CLACSO) cuja publicação quadrimestral é de consulta obrigatória para todos os pesquisadores deste campo.

nacionais. Acrescenta-se ainda o fato de que grande parte deles não abordam a conflitividade educacional mas sim o sindicalismo docente (como é o caso principalmente dos relatórios nacionais do projeto do PREAL), o que resulta em que nem sempre disponham das informações específicas necessárias ao registro dos processos de conflitividade. Por não estarem relacionadas a questões especificamente educacionais, mas sim sobre todo tipo de conflitividade social, as cronologias do OSAL (que apresentam informações completas e elaboradas de acordo com critérios metodológicos rigorosos) nem sempre contêm dados mais detalhados sobre protestos docentes que, em nosso caso, são de fundamental importância. A síntese informativa do OLPED é, precisamente, isso: uma compilação de notícias que, ainda que seja ampla e detalhada, possui os mesmos riscos e potencialidades que qualquer informação jornalística.

Neste mesmo sentido, a informação sindical costuma ser produzida à luz dos conflitos e lutas que as diferentes organizações protagonizam. Por isso, ainda sendo rica em dados nem sempre disponíveis em outras fontes de informação (datas de início e encerramento dos conflitos, formas de organização e motivos das reivindicações), esta costuma ser tendenciosa e parcial. Além disso, na maioria dos casos, não costuma haver facilidade no acesso a esse tipo de informação.

Finalmente, a informação jornalística, mesmo que abundante em alguns casos, nem sempre é confiável. Os conflitos educacionais são, de fato, um dos temas mais recorrentes na imprensa escrita. Para um jornal, "notícia" costuma ser sinônimo de "má notícia". Por isso, boa parte da informação publicada sobre assuntos educacionais geralmente diz respeito a conflitos nos quais os docentes são os protagonistas. Em contrapartida, o fato de que os monopólios jornalísticos da América Latina são tendenciosos é uma verdade inocultável. Muitos dos jornais mais importantes são conservadores, quer explícita ou implicitamente, e oferecem uma visão parcial da ação sindical em todos os campos, especificamente, em nosso caso, do protesto docente.

O *Banco de Dados sobre a Ação Sindical Docente* se compõe tanto de variáveis específicas que permitem a obtenção de dados quantitativos e a definição de tendências estatísticas sobre as características dos conflitos docentes, quanto de elementos descritivos que pretendem resgatar algumas marcas particulares dos mesmos. Estas informações são expressas e esquematizadas através da seguinte matriz de dados:

DATA:						
PAÍS:						
NOME:						
DURAÇÃO:						
JURISDIÇÃO:						
PROTAGONISTA NOME:						
	SINDICATO DOCENTE			FEDERAÇÃO SINDICAL DOCENTE		
	FRENTE SINDICAL DOCENTE			FRENTE OU CENTRAL SINDICAL		
	DOCENTES (sem especificação sindical)			FRENTE SOCIAL		
	COMUNIDADE EDUCACIONAL			OUTROS		
ANTAGONISTA						
	GOVERNO NACIONAL			GOVERNO PROVINCIAL OU ESTADUAL		
	GOVERNO MUNICIPAL			REITORIA/S		
	SETOR PRIVADO			OUTROS		
FORMA:	Greve		Atos e Mobilizações			Outras
REIVINDICAÇÃO:		Trabalhista		Política Educacional	Sistêmica	Outras

Nome: Corresponde à denominação que conferimos ao ato reivindicativo registrado ou, caso possua, ao nome com que este tem sido popularmente conhecido (por exemplo, "*Carpa Blanca de la Dignidad Docente*").

Duração: Define a duração de um conflito nos casos de greves ou mobilizações estruturadas e articuladas em um plano de luta de longo alcance. Nos casos em que a ação sindical se reduziu a uma mobilização ou ato de caráter estritamente pontual e focalizado (uma marcha ao Ministério da Educação ou uma concentração em frente ao Ministério da Economia), ainda que o protesto seja registrado como tal, não determinamos sua duração (a rigor, algumas horas). Devemos, portanto, reconhecer que se de fato a soma total de dias de conflito educacional pode resultar impressionantemente alta, tal fato não revela a duração exata do total de ações registradas, mas apenas daquelas que permaneceram ativas por um ou mais dias. Além disso, conforme indicamos, o difícil acesso a informações confiáveis faz com que não assinalemos o tempo de duração do protesto docente (indicando o registro com a referência "Sem Dados" = S/D) quando não dispomos com precisão da data de início e encerramento do ato reivindicativo.

Jurisdição. As ações de protesto são indicadas em virtude de seu caráter nacional, provincial ou municipal, e indicadas como focal naqueles casos em que estão circunscritos a uma única instituição, como é o caso de alguns conflitos universitários.

Protagonistas. Nossa cronologia considera preferencialmente ações que tenham como protagonista principal as organizações sindicais do magistério. Para tal efeito, indicamos o nome oficial da entidade promotora e sua natureza. Entretanto, o registro de alguns conflitos também inclui uma menção a grupos de docentes cuja filiação sindical não está claramente definida, como já ocorreu. Procuramos considerar esta indicação de forma excludente. Por exemplo, se uma ação de luta é empreendida por uma Central Sindical que representa federações e sindicatos magisteriais, só assinalamos a primeira alternativa que, obviamente, inclui as anteriores. A opção "comunidade educacional" é utilizada quando o protesto agrega um número muito amplo ou diverso de entidades e atores sociais sindicalizados ou não. A opção "outros" somente é assinalada quando nenhuma das anteriores consegue determinar a filiação institucional dos atores do protesto (como, por exemplo, no caso dos estudantes das escolas normais rurais do México).

Antagonista. Classificamos nesta categoria a entidade contra a qual o protesto docente foi realizado.

Formas. É onde apresentamos as formas de protesto, luta e reivindicação promovidas pelas organizações magisteriais. Tais opções não são assinaladas de forma excludente.

Reivindicações. Como nossa pesquisa revela, os conflitos protagonizados pelas organizações magisteriais ou, em um sentido mais amplo, pela comunidade educacional, nem sempre têm uma única demanda nem se reduzem a uma única reivindicação. Por isso, as opções aqui apresentadas também não são consideradas de forma excludente:

- *Trabalhista*

  Incluímos aqui as reivindicações salariais e também as relacionadas à previdência e à carreira docente (leis, estatutos ou resoluções que regulamentam a atividade).

- *Política educacional*

    Consideramos como política educacional demandas relacionadas ao orçamento, relativas à descentralização do sistema, aos sistemas de avaliação docente etc.

- *Sistêmica/Política*

    Em geral, trata-se de demandas articuladas junto a outras organizações, sindicais ou sociais, que contestam as linhas gerais das políticas governamentais. Eventualmente, um conflito por demandas setoriais pode alcançar, em sua dinâmica, este caráter (por exemplo, a Carpa Blanca em Buenos Aires).

- *Outras*

    Utilizamos esta opção quando se faz estritamente necessário. Por exemplo, quando se identificam conflitos que têm como motivo disputas intersindicais.

O *Banco de Dados sobre a Ação Sindical Docente* encontra-se disponível em uma página web com amplas informações destinadas ao acompanhamento e à documentação da conflitividade docente na América Latina: <www.lpp-uerj.net/olped/conflictos>

Através do site é possível acessar uma compilação centrada na análise dos conflitos e protestos sociais vinculados ao campo da educação, seu tratamento nos meios de comunicação, as respostas governamentais, a evolução dos movimentos e a maneira como foram resolvidos. Os registros detalhados podem ser consultados de diversas formas: seja por meio da busca específica por meio de uma ou mais categorias (por país, data, forma e/ou reivindicação), ou mediante a busca aleatória a partir de uma ou mais palavras. Este Banco de Dados possui informação detalhada desde 1998 até a presente data, sendo atualizado semanalmente.

Também podem ser consultados nesta página: materiais bibliográficos, textos e documentos relacionados à conflitividade docente em geral, assim como materiais específicos relacionados a temáticas e acontecimentos pontuais (tais como atas de reivindicação e documentos produzidos pelas organizações sindicais).

Organizações sindicais docentes na América Latina

ORGANIZAÇÕES NACIONAIS DO MAGISTÉRIO LATINO-AMERICANO[1]

Argentina

PRINCIPAL ORGANIZAÇÃO SINDICAL	MEMBROS	LINK
Confederación de Trabajadores de la Educación de la República Argentina (CTERA)	230.000	www.ctera.org.ar

Nota: A Confederação de Trabalhadores da Educação da República Argentina (CTERA) é a organização mais representativa do país e reúne sindicatos docentes de todas as suas jurisdições educacionais (23 províncias além da capital).

Bolívia

PRINCIPAIS ORGANIZAÇÕES SINDICAIS	MEMBROS	LINK
Confederación Nacional de Maestros de Educación Rural de Bolivia (CONMERB)	S/D	
Confederación de Trabajadores de la Educación Urbana de Bolivia (CTEUB)	S/D	

---

1. Não estamos incluindo nesta relação as associações de docentes da educação superior e privada. Ainda assim, a situação é de qualquer maneira heterogênea: alguns sindicatos de docentes dependentes do estado também aceitam trabalhadores não docentes (como no Brasil), e outros também permitem que docentes privados sejam filiados (como o sindicato de base de CTERA em Córdoba, Argentina). Em quase todos os países há outras organizações menores, com ou sem reconhecimento legal, que também não foram incluídas.

Todos os dados sobre afiliação foram extraídos do *Barómetro de la Educación*, editado pela Internacional da Educação.

Brasil

PRINCIPAL ORGANIZAÇÃO SINDICAL	MEMBROS	LINK
Confederação Nacional dos Trabalhadores em Educação (CNTE)	694.009	www.cnte.org.br

Nota: A Confederação Nacional dos Trabalhadores em Educação (CNTE) afilia sindicatos de escala estatal e municipal, já que no Brasil nem todos os sindicatos estatais organizam também os docentes das redes municipais.

Chile

PRINCIPAL ORGANIZAÇÃO SINDICAL	MEMBROS	LINK
Colegio de Profesores	120.000	www.colegiodeprofesores.cl

Nota: A organização sindical dos docentes chilenos é o Colégio de Professores, criado em 1975 sob o regime da ditadura militar comandada pelo General Pinochet, que ao assumir o poder em 1973 dissolveu o sindicato nacional docente. A princípio, seus dirigentes foram designados pelo governo, mas em 1985 os professores elegeram as autoridades sindicais e optaram por conduções democráticas.

Colômbia

PRINCIPAL ORGANIZAÇÃO SINDICAL	MEMBROS	LINK
Federación Colombiana de Educadores (FECODE)	167.000	www.fecode.edu.co

Nota: A Federação Colombiana de Educadores (FECODE) foi fundada em 1962 e congrega trinta e seis sindicatos, quatro de Bogotá e um para cada um dos distritos colombianos.

Costa Rica

PRINCIPAIS ORGANIZAÇÕES SINDICAIS	MEMBROS	LINK
Asociación Nacional de Educadores (ANDE)	37.924	
Asociación de Profesores de Segunda Enseñanza (APSE)	13.000	www.apse.or.cr
Sindicato de Trabajadores de la Educación Costarricense (SEC)	18.000	

Equador

PRINCIPAL ORGANIZAÇÃO SINDICAL	MEMBROS	LINK
Unión Nacional de Educadores (UNE)	S/D	

El Salvador

PRINCIPAIS ORGANIZAÇÕES SINDICAIS	MEMBROS	LINK
Asociación Nacional de Educadores Salvadoreños "21 de Junio"	5.000	
Bases Magisteriales	. S/D	

Guatemala

PRINCIPAIS ORGANIZAÇÕES SINDICAIS	MEMBROS	LINK
Asamblea Nacional del Magisterio (ANM)	S/D	
Sindicato de Trabajadores de la Educación de Guatemala (STEG)	4.000	
Colegio de Maestros de Guatemala (CMG)	2.320	

Honduras

PRINCIPAIS ORGANIZAÇÕES SINDICAIS	MEMBROS	LINK
Colegio Profesional Superación Magisterial de Honduras (COLPROSUMAH)	36.429	
Primer Colegio Profesional Hondureño de Maestros (PRICHMA)	12.000	
Colegio de Profesores de Educación Media de Honduras (COPEMH)	7.000	
Colegio Profesional Unión Magisterial (COPRUM)	1.280	

Nota: A Federação de Organizações Magisteriais (FOMH) representa a última tentativa de atuação unificada dos colégios docentes.

México

PRINCIPAL ORGANIZAÇÃO SINDICAL	MEMBROS	LINK
Sindicato Nacional de Trabajadores de la Educación (SNTE)	1.300.000	www.snte.org.mx

Nota: O Sindicato Nacional de Trabalhadores da Educação (SNTE) foi criado em 1944 com o aval do governo mexicano e tinha como objetivo unificar as organizações magisteriais até então existentes. Atualmente conta com 31 seções federais, cinco únicas, 18 estatais e uma que corresponde a escolas particulares.

Nicarágua

PRINCIPAIS ORGANIZAÇÕES SINDICAIS	MEMBROS	LINK
Colegio Profesional Superación Magisterial de Honduras (COLPROSUMAH)	36.429	
Confederación General de Trabajadores de la Educación Nicaragüense — Asociación Nacional de Educadores de Nicaragua (CGTEN-ANDEN)	12.520	
Confederación Nacional de Maestros de Nicaragua (CNMN)	15.000	
Confederación Nicaragüense de Trabajadores de la Educación y la Cultura (CONFENITEC)	S/D	
Confederación Sindical de Trabajadores de la Educación	S/D	

Nota: Em junho de 2003, as principais organizações magisteriais nicaragüenses assinaram um pronunciamento de unidade para a criação da Coordenadoria Sindical do Magistério Nicaragüense.

Panamá

PRINCIPAIS ORGANIZAÇÕES SINDICAIS	MEMBROS	LINK
Asociación de Maestros Independientes Auténticos (AMIA)	S/D	
Magisterio Panameño Unido (MPU)	3.000	
Federación Nacional de Trabajadores de la Educación Panameña (FENATEP)	S/D	

Paraguai

PRINCIPAIS ORGANIZAÇÕES SINDICAIS	MEMBROS	LINK
Federación de Educadores del Paraguay (FEP)	S/D	
Organización de Trabajadores de la Educación del Paraguay (OTEP)	5 200	
Unión Nacional de Educadores (UNE)	S/D	

Peru

PRINCIPAL ORGANIZAÇÃO SINDICAL	MEMBROS	LINK
Sindicato Unitario de Trabajadores en la Educación del Perú (SUTEP)	259.518	www.sutep.org.pe

República Dominicana

PRINCIPAL ORGANIZAÇÃO SINDICAL	MEMBROS	LINK
Asociación Dominicana de Profesores (ADP)	26.000	

Uruguai

PRINCIPAIS ORGANIZAÇÕES SINDICAIS	MEMBROS	LINK
Federación Uruguaya de Magisterio (FUM)	10.000	
Asociación de Funcionarios de la Universidad de Trabajo del Uruguay (AFUTU)	4.000	
Federación Nacional de Profesores (FENAPES)	6.000	webs.montevideo.com.uy/fenapes/

Nota: A Federação Uruguaiana do Magistério (FUM) afilia os docentes de nível primário, enquanto a Federação Nacional de Professores (FENAPES) congrega os de ensino médio. Os sindicatos de ensino público integram, juntamente com os sindicatos universitários, a Coordenadoria de Sindicatos de Ensino do Uruguai (CSEU).

Venezuela

PRINCIPAIS ORGANIZAÇÕES SINDICAIS	MEMBROS	LINK
Federación Nacional de Colegios y Sindicatos de Trabajadores Profesionales de la Educación de Venezuela (FENATEV)	29.600	www.fenatev.org
Federación Venezolana de Maestros (FVM)	36.000	www.fevemaestros.org
Federación de Trabajadores de la Enseñanza y Afines de Venezuela (FETRAENSEÑANZA)	34.000	
Federación Unitaria del Magisterio de Venezuela (FETRAMAGISTERIO)	28.000	
Federación Nacional de los Trabajadores de la Docencia (FENAPRODO)	S/D	
Federación de Educadores de Venezuela (FEV)	S/D	
Federación de Trabajadores Sindicalizados de la Educación (FETRASINED)	S/D	

Nota: No final dos anos 1970, inicia-se o processo de fragmentação da poderosa Federação Venezuelana de Mestres (FVM). Desde então, o panorama do sindicalismo docente deste país aparece totalmente desarticulado.

Bibliografia

ABREU, Mariza & BULHÕES, Maria da Graça. *A luta dos professores gaúchos — 1979/1991. O difícil aprendizado da democracia*. L&PM Editores, Porto Alegre, 1992.

ANDRADE DE OLIVEIRA, Dalila. Relatório de estudo de caso do Brasil, Projeto "Estudios de los conflictos en los sistemas educativos de América Latina: agendas, actores, evolución, manejo y desenlaces". OREALC/UNESCO (Santiago de Chile)/Laboratório de Políticas Públicas — Universidade do Estado do Rio de Janeiro, 2004.

ARNAUT, Alberto. "La evolución de los grupos hegemónicos en el SNTE", Documento de Trabalho 4, Estudios políticos, Centro de Investigación y Docencia Económicas, México, 1992.

_____. *Historia de una profesión. Los maestros de educación primaria en México, 1887-1994*. Centro de Investigaciones y Docencia Económicas, México, 1996.

BALLÓN, Eduardo; PEZO, César & PEIRANO, Luis. *El magisterio y sus luchas 1885-1978*. Centro de Estudios y Promoción del Desarrollo, 2. ed., Lima, 1981.

BORGES, Leonir. "Sociedade, Estado e Sindicato no Brasil: quem está educando o educador?", Dissertação de Mestrado em Educação, Universidade Estadual de Maringá, Maringá-PR, 2003.

CASANOVA, Ramón. "El sindicalismo educativo hoy día. Exploraciones desde la perspectiva venezolana", in: *Propuesta Educativa* n. 21, ano X, dezembro de 1999, Facultad Latinoamericana de Ciencias Sociales/Buenos Aires.

CASTRO VALVERDE, Carlos. *Sindicalismo y gobierno. Una agenda para el diálogo en torno a la reforma educativa. El caso de Costa Rica*, Projeto Sindicalismo docente e reforma educacional FLACSO/PREAL, San José, Costa Rica, 2003.

CHIROQUE CHUNGA, Sigfredo. 1998 — 2003 Conflicto en el sistema educativo peruano (estudio de caso), Proyecto "Estudios de los conflictos en los sistemas educativos de América Latina: agendas, actores, evolución, manejo y desenlaces". OREALC/UNESCO (Santiago do Chile)/Laboratório de Políticas Públicas — Universidade do Estado do Rio de Janeiro, 2004.

CNTE, Informe Nacional, Proyecto *Las reformas educativas en los países del Cono Sur a la hora de la continentalización*. Fórum Continental da Educação, 2004.

Colegio de Profesores de Chile, Estudio de remuneraciones del magisterio, Preparó: CENDA, 2002.

Colegio de Profesores de Chile. El sector educacional en Chile: los efectos de un proceso privatizador maduro, Proyecto *Las reformas educativas en los países del Cono Sur a la hora de la continentalización*. Fórum Continental da Educação, 2004.

CORRALES, Javie. Aspectos políticos en la implementación de las reformas educativas. *Documentos de Trabalho* n° 14. Programa de Promoción de la Reforma Educativa en América Latina y el Caribe (PREAL), 1999.

CTERA. Informe Nacional, Proyecto *Las reformas educativas en los países del Cono Sur a la hora de la continentalización*. Fórum Continental da Educação, 2004.

DE CASTILLO URBINA, Miguel. *Sindicalismo y gobierno. Una agenda para el diálogo en torno a la reforma educativa. El caso de Nicaragua*, Projeto Sindicalismo docente e reforma educacional FLACSO/PREAL, Nicarágua, Manágua, 2003.

DE CARVALHO CAVALHEIRO, Hermengarda. *A organização dos professores públicos e a realidade brasileira: uma perspectiva histórica e sindical dos estudos de caso: APPMG e UTE*. Dissertação de Mestrado, Pontifícia Universidade Católica do Rio Grande do Sul, Porto Alegre, 1989.

DELGADO, Marta. *El sindicalismo docente frente a la aplicación de las políticas neoliberales en educación: el caso de CTERA y las transferencias de servicios educativos a las jurisdicciones provinciales*. Dissertação de Mestrado em Ciências Sociais com Orientação em Educação, FLACSO — sede Argentina, 2002.

DUTRA VIEIRA, Juçara. "Identidade expropriada, retrato do Educador Brasileiro". Confederação Nacional dos Trabalhadores em Educação, Brasília, 2003.

FILMUS, Daniel & TIRAMONTI, Guillermina (comp.). ¿Es posible concertar las políticas educativas?. La concertación de políticas educativas en Argentina y América Latina. FLACSO — Fundação Concretar — Fundação Ford — OREALC/UNESCO, 1995.

FILGUEIRA, Carlos. *Sindicalismo y gobierno. Una agenda para el diálogo en torno a la reforma educativa. El caso de Uruguay*. Projeto Sindicalismo docente e reforma educacional FLACSO/PREAL, 2003.

GARCÍA SOBREIRA, Henrique. "Alguns aspectos da reorganização do movimento dos professores públicos do estado do Rio de Janeiro (1977-1980)", em *Educação e Sociedade*, ano XXII, n° 77, Dezembro 2001, 2001.

FENAPES e AFUTU. Informe Nacional, Proyecto *Las reformas educativas en los países del Cono Sur a la hora de la continentalización*. Fórum Continental da Educação, 2004.

GENTILI, Pablo. "Sindicalismo y educación en tiempos del neoconservadorismo. Reflexiones sobre el caso argentino", em Contexto & Educação — Revista de Educación de América Latina y el Caribe, ano VII, n. 28, Universidade de Ijuí, Editora UNIJUI, outubro/dezembro 1992.

GINDIN, Julián. *Sindicalismo Docente. Democracia y participación gremial en el magisterio rosarino*. Tese de Licenciatura em Antropología, Universidad Nacional de Rosario, 2003.

GOHN, Maria da Glória. Educação, Trabalho e lutas sociais, en La *Ciudadanía Negada. Políticas de exclusión en la educación y el trabajo*. Pablo Gentili e Gaudêncio Frigotto (comps.), CLACSO, 2000.

IÑIGUEZ, Alfredo. *El salario docente: un síntoma del estado de la educación en Argentina*, em *Cuadernos del Instituto de Investigaciones Pedagógicas Marina Vilte — CTERA*. Série: II Congresso Educacional Nacional. Contribuições para a discussão, ano I, n° II, CTERA, 2000.

KRAWCZYK, Nora e BRUNSTEIN, Raquel. *Sindicalismo e governo: uma agenda para o diálogo sobre a reforma educativa. O caso do Estado de São Paulo/Brasil*. Projeto Sindicalismo docente e reforma educacional FLACSO/PREAL, 2003.

LIANG, Xiaoyan. Remuneración de los docentes en 12 países latinoamericanos: Quiénes son los docentes, actores que determinan su remuneración y comparación con otras profesiones. *Documentos de Trabalho* n° 27, Programa de Promoção da Reforma Educacional na América Latina e Caribe (PREAL), 2003.

LJUBETIC, Vargas. *Historia del magisterio chileno*, Ediciones Colegio de Profesores de Chile A. G., Santiago, 2004.

LOYO, Aurora. Los sindicatos docentes en América Latina: entre la lógica laboral y la lógica profesional, em *Revista Iberoamericana de Educación* n. 25, Organización de Estados Iberoamericanos para la Ciencias y la Cultura (OEI), 2001.

LOYO, Aurora y IBARROLA, María. Estructura del sindicalismo docente en América Latina, em Tiramonti & Filmus (coord.). *Sindicalismo Docente y*

Reforma en América Latina. FLACSO/Temas Grupo Editorial, Buenos Aires, 2001.

LOYO, Aurora e MUÑOZ, Aldo. La concertación de las políticas educativas: el caso de México, Documento de trabalho apresentado no Seminário Internacional "Sindicalismo magisterial, concertación y reforma educativa en América Latina. Condiciones, obstáculos y consecuencias", San Pedro Sula, Honduras, PREAL-FLACSO, novembro de 2001.

LUNA, Milton. Estudio de los conflictos en los sistemas educativos de la región: agendas, actores, evolución, manejo y desenlaces: Ecuador, Proyecto "Estudios de los conflictos en los sistemas educativos de América Latina: agendas, actores, evolución, manejo y desenlaces" OREALC/UNESCO (Santiago de Chile)/Laboratório de Políticas Públicas — Universidade do Estado do Rio de Janeiro, 2004.

MARTÍNEZ, Deolidia; VALLES, Iris e KOHEN, Jorge. *Salud y Trabajo Docente. Tramas del malestar en la escuela*. Kapelusz, Buenos Aires, 1997.

MOREIRA PACHECO, Eliezer. *Sindicato e projeto pedagógico. A Organização e as lutas dos Professores Públicos Estaduais do Rio Grande do Sul, de 1945 a 1991*. Dissertação de Mestrado em História, Universidade Federal do Rio Grande do Sul, 1993.

MURILLO, Ma. Victoria. Los sindicatos latinoamericanos y las reformas del sector social: restricciones institucionales y políticas alternativas. *Revista de Ciência Política* n. 1, Buenos Aires, 1997.

_____. Del populismo al neoliberalismo: sindicatos y reformas de mercado en América Latina, em *Desarrollo Económico — Revista de Ciências Sociais* vol. 40, n° 158, julho-setembro 2000, Buenos Aires.

_____. Sindicalismo docente en América Latina: aproximaciones al Estado del Arte; em Tiramonti e Filmus (coord.) *Sindicalismo Docente y Reforma en América Latina*, FLACSO/Temas grupo editorial, Bs. As., 2001

_____. (ed). *Carreras Magisteriales, desempeño educativo y sindicatos de maestros en América Latina*, FLACSO — Libronauta Editora, 2002.

MURILLO, Ma. Victoria e MACEIRA, Daniel. *Social Sector Reform in Latin America and the Role of Unions*, Inter-American Development Bank/Banco Interamericano de Desenvolvimento (BID), Research Department, Departamento de Pesquisa, Working Paper 456, 2001.

MURILLO, Ma. Victoria e RONCONI, Lucas. The politization of public sector labor relations: argentine teachers' strikes in a descentralized education system, Documento 67, Fundação Governo e Sociedade, 2002.

MURILLO, Ma. Victoria; TOMMASI, Mariano; RONCONI, Lucas e SANGUINETTI, Juan. *The Economic Effects of Unions in Latin America: Teachers' Unions and Education in Argentina*, Inter-American Development

Bank/Banco Interamericano de Desenvolvimento, Latin American Research Network, Rede de Centros de Pesquisa, Research Network Working Paper; R-463, 2002.

NÚÑEZ PRIETO, Iván. Gremios del magisterio setenta años de historia: 1900-1970. Programa Interdisciplinar de Pesquisas em Educação do Chile (PIIE), Santiago, 1986.

_____. La Experiencia Gubernamental de Concertación y Conflicto en el Sector Educativo: El Caso de Chile, Seminario Internacional "Sindicalismo magisterial, concertación y reforma educativa en América Latina. Condiciones, obstáculos y consecuencias", 19 de novembro de 2001, Projeto "Sindicalismo docente y reforma educativa en América Latina" (FLACSO Argentina — PREAL), San Pedro Sula, Honduras, 2001.

PALAMIDESSI, Mariano. *Sindicatos docentes y gobiernos: conflictos y diálogos en torno a la reforma educativa en América Latina (1990-2003)* (versão preliminar), Projeto "Sindicalismo docente y reforma educativa en América Latina" (FLACSO Argentina — PREAL), 2003.

POSAS, Mario. *Sindicalismo y gobierno. Una agenda para el diálogo en torno a la reforma educativa. El caso de Honduras*, Projeto Sindicalismo docente e reforma educacional FLACSO/PREAL, 2003.

QUINTEROS, Carolina. *Sindicalismo y gobierno: Una agenda para el diálogo en torno a la reforma educativa. El caso de El Salvador*, Projeto "Sindicalismo docente y reforma educativa en América Latina" (FLACSO Argentina — PREAL), 2003.

SANDOVAL FLORES, Etelvina. *Los maestros y sus sindicatos. Relaciones y procesos cotidianos*, Centro de Pesquisa e Estudos Avançados do Instituto Politécnico Nacional, DIE, México, 1985.

SALOMÃO, Bluma. *Reformas educacionais e conflitos sociais: o caso APEOESP*, Dissertação de Mestrado em Educação, Universidade do Estado do Rio de Janeiro, 2003.

Sindicato de Trabajadores de la Educación de Guatemala/Asemblea Nacional del Magisterio, 2003, La batalla por la Educación en Guatemala, Guatemala.

STREET, Susan. *Maestros en movimiento. Transformaciones en la burocracia estatal 1978-1982*. CIESAS, México, 1992a.

_____. El SNTE y la política educativa, 1970-1990, em *Revista mexicana de Sociología*, vol. LIV 2, abril/maio de 1992, 1992b.

_____. Democracia como reciprocidad: modalidades participativas de las bases del movimiento magisterial chiapaneco, em *Antropología Política. Enfoques contemporâneos*, H. Tejera Gaona comp., INAH, México, 1996.

STREET, Susan. Los maestros y la democracia de los de abajo, em *La democracia de los de abajo*, J. Alonso e J. M. Ramirez coordenadores, La jornada, UNAM, Colégio eleitoral do estado de Jalisco, 1997.

_____. Trabajo docente y poder de base en el sindicalismo democrático magisterial en México. Entre reestructuraciones productivas y resignificaciones pedagógicas, em *La Ciudadanía Negada. Políticas de exclusión en la educación y el trabajo*, Pablo Gentili & Gaudêncio Frigotto (comps.), CLACSO, 2000.

_____. Informe Final de la Coordinación Nacional de MÉXICO "La Conflictividad Docente en México, 1998-2003", Projeto "Estudios de los conflictos en los sistemas educativos de América Latina: agendas, actores, evolución, manejo y desenlaces" OREALC/UNESCO (Santiago de Chile)/Laboratório de Políticas Públicas — Universidade do Estado do Rio de Janeiro, 2004.

SUÁREZ, Daniel. Estudio de Caso: El Conflicto Docente en Argentina (1997 — 2003), Proyecto "Estudios de los conflictos en los sistemas educativos de América Latina: agendas, actores, evolución, manejo y desenlaces" OREALC/UNESCO (Santiago de Chile)/Laboratório de Políticas Públicas — Universidade do Estado do Rio de Janeiro, 2004.

REYNOSO, Oswaldo; AGUILAR, Vilma e PÉREZ, Hildebrando. Luchas del Magisterio. De Mariátegui al SUTEP, Ediciones Narración, 1979.

TIRAMONTI, Guillermina. Sindicalismo docente y reforma educativa en la América Latina de los '90, *Documentos de Trabalho* n. 19, Programa de Promoção da Reforma Educacional na América Latina e Caribe (PREAL), 2001.

TORRES, Carlos Alberto. La educación pública, las organizaciones de maestros y el Estado en América Latina, *Revista Paraguaya de Sociología*, ano 32, n. 92, janeiro-abril de 1995.

TORRES, Carlos Alberto & SCHUGURENSKY, Daniel. "El rol de los sindicatos docentes, el Estado y la sociedad en la reforma educativa", in: *Propuesta Educativa* n. 21, ano X, dezembro de 1999, Faculdade Latinoamericana de Ciências Sociais/Buenos Aires, 1999.

TORRES, Rosa María. Reformas educativas, docentes y organizaciones docentes en América Latina y el Caribe, em *Los docentes protagonistas del cambio educativo*. CAB/Editorial Magistério Nacional, Bogotá, 2000.

_____. Negociando la reforma educativa con los sindicatos docentes en América Latina y Caribe, em *Carta Informativa del IIPE*, Vol XIX, N° 2, Paris, Abril-Junho 2001.

VÁZQUEZ, Silvia e BALDUZZI, Juan. *De apóstoles a trabajadores*, IIPMV/CTERA, Buenos Aires, 2000.

VÁZQUEZ, Silvia e BALDUZZI, Juan. Neoliberalismo, resistencia y democracia: el caso de los trabajadores de la educación en la Argentina, IIPMV/CTERA, apresentado no Fórum Mundial da Educação, de 24 a 27 de outubro 2001.

VIANNA, Claudia. Os nós do "nós". Crise e perspectivas da ação coletiva docente em São Paulo, Xamá Editora, São Paulo, 1999.

_____. "A produção acadêmica sobre organização docente: ação coletiva e relações de gênero", em *Educação e Sociedade* n° 77, ano XXII, Dezembro 2001.

ZEGARRA, Eduardo e RAVINA, Renato. *Teacher Unionization and the Quality of Education in Peru: An Empirical Evaluation Using Survey Data*, Inter-American Development Bank/Banco Interamericano de Desenvolvimento, Latin American Research Network, Rede de Centros de Pesquisa, Research Network Working paper R-474, 2003.

LEIA TAMBÉM

A CIDADANIA NEGADA:
políticas de exclusão na educação e no trabalho

Pablo Gentili • Gaudêncio Frigotto (orgs.)

3ª edição (2002)

O presente volume reúne uma série de estudos que analisam as condições de exclusão social produzidas no campo da educação e do trabalho no capitalismo contemporâneo. Afirmando que tais condições negam ou interferem na realização de direitos inalienáveis para o exercício de uma cidadania democrática, os autores alertam sobre os efeitos excludentes das políticas governamentais conservadoras atualmente em curso. Os ensaios aqui publicados constituem um aporte fundamental para avançar na compreensão crítica das desigualdades sociais produzidas e ampliadas pelos regimes neoliberais da América Latina.

LEIA TAMBÉM

A UNIVERSIDADE NO SÉCULO XXI:
para uma reforma democrática e emancipatória da Universidade

Boaventura de Sousa Santos

Nesta obra, o autor retoma o tema da universidade, respondendo a três perguntas: o que aconteceu nestes últimos dez anos? Como caracterizar a situação em que nos encontramos? Quais as respostas possíveis aos problemas que a universidade enfrenta nos nossos dias?

Na primeira parte, procede à análise das transformações recentes no sistema de ensino superior e o impacto destas na universidade pública. Na segunda parte, identifica e justifica os princípios básicos de uma reforma democrática e emancipatória da universidade pública.

EPARMA
Impresso nas oficinas da
EDITORA PARMA LTDA.
Telefone: (011) 6462-4000
Av.Antonio Bardella, 280
Guarulhos – São Paulo – Brasil
Com filmes fornecidos pelo editor